名师名校名校长

凝聚名师共识
回应名师关怀
打造名师品牌
培育名师群体

因循结构
培育素养

余顺花 / 著

——小学数学『结构化』教学的探索

国家一级出版社 全国百佳图书出版单位

图书在版编目（CIP）数据

因循结构　培育素养：小学数学"结构化"教学的探索 / 余顺花著. — 重庆：西南大学出版社，2023.12
ISBN 978-7-5697-2176-8

Ⅰ. ①因… Ⅱ. ①余… Ⅲ. ①小学数学课－教学研究 Ⅳ. ①G623.502

中国国家版本馆CIP数据核字(2023)第255150号

因循结构　培育素养——小学数学"结构化"教学的探索
YINXUN JIEGOU PEIYU SUYANG——XIAOXUE SHUXUE "JIEGOUHUA" JIAOXUE DE TANSUO

余顺花　著

责任编辑：	刘　玉
责任校对：	杨光明
装帧设计：	言之凿
出版发行：	西南大学出版社（原西南师范大学出版社）
印　　刷：	北京政采印刷服务有限公司
成品尺寸：	170 mm×240 mm
印　　张：	15.75
字　　数：	204千字
版　　次：	2023年12月　第1版
印　　次：	2023年12月　第1次印刷
书　　号：	ISBN 978-7-5697-2176-8
定　　价：	58.00元

序　言

日常教师备课，如果仅以课时为单位进行思考，这样的教学，学生所学是零散的，难以构建起知识的结构，甚至育人目标也因碎片式的"教"而无法实现。然而，数学学科具有很强的系统性和逻辑性，为了更好地实现核心素养导向的课程目标，需要把握教学内容的结构化，把握教学内容主线与相应核心素养发展之间的关联。

什么是结构化教学？结构化教学与核心素养之间有什么联系？如何在结构化教学中，帮助学生建立起能体现数学学科本质、对未来学习有支撑意义的结构化的数学知识体系，学会用整体的、联系的、发展的眼光看问题，发展数学核心素养？余顺花老师在这本书里都做了较好的回答。

余顺花老师好学，且善于思考，经过多年的探索，逐渐形成个人的教学风格。《义务教育数学课程标准（2022年版）》[以下简称《数学课标（2022年版）》]颁布以来，她更是深入学习《数学课标（2022年版）》，紧紧抓住《数学课标（2022年版）》修订中的变革，从"结构化"着手进行研究，沉潜聚焦，深挖细剖。

《因循结构　培育素养——小学数学"结构化"教学的探索》一书中，从理论的研读与思考，到研究的策略、教学的实践，余老师真实而又系统、完整地介绍了自己的思与行。既从"教"的角度剖析，又从"学"的角度思考，将帮助学生逐步学会"结构性思维"看成"结构化教学"的一个重要目标，提出在数学教学中运用结构化教学，能更好地落实学生数学核心素养的培育。同时立足"结构化"的思考，结合"教学方式"的变革，助力学生学会思考，给出了可行性的实施策略。而大量翔实的课例，通过文字的描述，读到余老师在课堂实践中对"学"的关注，着力在学生自主或社会建构知识或经验的过程，搭建起知识与育人之间的关系，落实数学核心素养的培育。

余顺花老师关于"结构化"的思索、研究与实践，给一线教师提供了一些可借鉴的策略与方法，值得学习与分享。如果进一步深入研究，又将遇见怎样的挑战与风景？又将如何持续促进教师团队成长？同时帮助每一个孩子在学习中，遇见更好的自己？怀揣期待，且行且思，共成长。

罗鸣亮
2023年12月4日

前 言

  2022年4月,《义务教育课程方案(2022年版)》[以下简称《课程方案(2022年版)》]和《数学课标(2022年版)》正式颁布,本次修订以核心素养为纲领,贯穿《数学课标(2022年版)》修订的全过程,统领《数学课标(2022年版)》修订的各部分,从而使《数学课标(2022年版)》的各个组成部分保持内在的一致性和统一性。

  我认真细致地研读了这两份纲领性文件,深切感受到此次修订的重点均体现与时俱进。在《课程方案(2022年版)》的前言部分指出:习近平总书记多次强调,课程教材要发挥培根铸魂、启智增慧的作用;义务教育课程规定了教育目标、教育内容和教学基本要求,体现国家意志,在立德树人中发挥着关键作用;义务教育课程必须与时俱进,进行修订完善。同时,我们欣喜地看到"结构化"一词首次被写入《课程方案(2022年版)》和《数学课标(2022年版)》,并且在其中有多处出现。《课程方案(2022年版)》中提到的两处分别是:"基于核心素养培养要求,明确课程内容选什么、选多少,注重与学生经验、社会生活的关联,加强课程内容的内在联系,突出课程内容结构化,探索主题、项目、任务等内容组织方式。""探索大单元教学,积极开展主题化、项目式学习等综合性教学活动,促进学生举一反三、融会贯通,加强知识间的内在关联,促进知识结构化。"针对《课程方案(2022年版)》中这两处提到的"结构化",我认真研读了《数学课标(2022年版)》,也发现多处提到"结构化",这里的"结构化"聚焦数学课程,对《课程方案(2022年版)》中的"结构化"进行了多层面的解析。

例如，"课程内容组织。重点是对内容进行结构化整合，探索发展学生核心素养的路径。"在学业质量描述中"以结构化数学知识主题为载体，在形成与发展'四基'的过程中所形成的抽象能力、推理能力、运算能力、几何直观和空间观念等。""注重教学内容的结构化。教学内容是落实教学目标、发展学生核心素养的载体。在教学中要重视对教学内容的整体分析，帮助学生建立能体现数学学科本质、对未来学习有支撑意义的结构化的数学知识体系。"在培训建议中特别提到"教师培训是落实课程改革要求、提升育人质量的关键""整体把握结构化课程内容体系、单元整体教学、跨学科主题学习、基于核心素养的学业质量标准与考试评价等关键问题专题研修。"基于此，结构化教学成为当前小学数学教学的热点。

早前我在参加国培计划和省级教研培训时对结构化教学就有初步的了解；2017年参加省名师工作室研修期间，领衔人王珍老师带领我们工作室团队联合江苏许卫兵工作室团队一起系统研究结构化教学，工作室团队的奋进研究精神激励着我在结构化教学的道路上，不断探索前行。

因此，借《数学课标（2022年版）》颁布的东风，我结合之前对结构化教学的研究，围绕结构化及其引起的教学方式的变革进行深入的探索与研究。我将接触结构化教学以来的研究实践整理成册，形成本书，希望同行不吝赐教。

目 录

上篇　我的结构化教学思索

第一章　核心素养的内涵 ········· 2
第一节　核心素养的要义 ········· 3
第二节　数学核心素养的要义 ········· 8

第二章　结构化教学的内涵 ········· 12
第一节　结构化的核心要素解读 ········· 13
第二节　结构化的核心价值追求 ········· 18

第三章　结构化与核心素养的联系 ········· 21
第一节　数学核心素养内涵的结构化 ········· 22
第二节　数学课程内容体系的结构化 ········· 25
第三节　知识与核心素养的关系 ········· 29

中篇　我的结构化教学研究

第四章　用结构的思维"教研" ········· 36
第一节　以"读"促"备"　把握结构
　　　　——小学数学结构化备课的思考 ········· 37

第二节	利用设备　提升素质	43
第三节	课题实验　以研提质	49
第四节	转变方式　完善结构	55
第五节	绘本实验　拓展结构	63

第五章　用"问题"培养学生的思维 ……… 67

第一节	学情"精"分析　"减负"能"增效"	68
第二节	"数""感"并举　"悟""用"合一	74
第三节	立足课堂　培养思维	80
第四节	关注问题　提升思维	84
第五节	关注学生　助力思维	95

下篇　我的结构化教学实践

第六章　结构化教学案例分析 ……… 104

第一节	留足时间　解决"问题"	105
第二节	作业"无痕"　思维"有迹"	111
第三节	课时结构　合理选择	118
第四节	丰富形式　多元评价	122
第五节	留出空间　亲历探究	127
第六节	联系生活　品味数学	132

第七章　结构化教学案例解读 ……… 136

第一节	"构"在关联处　"思"向纵横行	137
第二节	理结构　善联系　精表达	146
第三节	"精"导　"善"问　"主"学	154
第四节	多维沟通　以"学"促"思"	161

第五节　结构化助力学生量感发展 …………………………………… 171

第八章　结构化教学课例分析 …………………………………… 180
　　第一节　回顾反思　完善结构
　　　　　　——"负数的认识"教学实录与评析 ………………………… 181
　　第二节　纵横沟通　凸显结构
　　　　　　——"折扣"教学实录与评析 …………………………………… 196
　　第三节　沟通联系　内化结构
　　　　　　——"三角形的认识"教学设计 ………………………………… 211
　　第四节　多向联系　深化结构
　　　　　　——"四边形的内角和"教学设计 ……………………………… 218

附录：名师工作室里的春天 …………………………………………… 224

参考文献 …………………………………………………………………… 236
后　　记 …………………………………………………………………… 238

上篇 我的结构化教学思索

第一章 核心素养的内涵

本章导读： 所谓核心素养，是指学生适应终身发展和社会发展需要的必备品格和关键能力，是学生在知识、技能、情感、态度、价值观等方面的综合表现。核心素养的培育应贯穿人的一生，可教可学，最初在家庭和学校中培养，随后在社会中不断完善。

第一节 核心素养的要义

关于"素养"一词,《现代汉语词典》里的解释很简单:"平日的修养。"如果从中国文字辞源的意义上来"说文解字",会更有意思:"素"为未染色之丝,"养"乃长久的育化。在今天,"素养"的含义大为扩展,它包括思想政治素养、文化素养、艺术素养、业务素养、身心素养等各个方面。

核心素养是近年来基础教育领域非常流行的一个概念。随着"核心素养导向"在《数学课标(2022年版)》中的确立,培养学生的核心素养更是成为中小学课堂教学的重点任务。关于核心素养的内涵和价值,学术界已有众多研究。

一、五大支柱说

2003年联合国教科文组织强调,核心素养的培育需要终身学习,终身学习也需要培育核心素养。终身学习的五大支柱即核心素养彼此关联,同时贯穿生命全程与各个生活领域:学会求知(learning to know),

具体指标包括学会如何学习，提升专注力、记忆力和思考力；学会做事（learning to do），具体指标包括职业技能、社会行为、团队合作、创新精神、冒险精神；学会共处（learning to live together），具体指标包括认识自己和他人的能力、同理心和实现共同目标的能力；学会生存（learning to be），具体指标包括促进自我、丰富人格、多样表达和责任承诺；学会改变（learning to change），具体指标包括接受改变、适应改变、积极改变和引导改变。

二、关键能力说

2005年经济合作与发展组织（Organization for Econormic Co-operation and Development，OECD）提出，知识社会要求三种关键能力：第一种关键能力是交互地运用社会、文化、技术资源的能力，包括运用语言、符号和文本互动的能力，如国际学生评估项目中的阅读素养、数学素养；运用知识、信息互动的能力，如国际学生评估项目中的科学素养；运用科技互动的能力。第二种关键能力是在异质社群中进行人际互动的能力，包括同他人建构和谐人际关系的能力、团队合作能力、管理与解决冲突的能力。第三种关键能力是自立自主行动的能力，包括在广泛脉络情境中行动的能力，设计并执行人生计划、个人计划的能力，表达并维护权利、利益、责任、限制与需求的能力。

三、八大素养说

2006年欧盟发布的《终身学习核心素养：欧洲参考框架》正式提出了终身学习的八大核心素养：母语沟通，外语沟通，数学素养及科技素养，数字化素养，学会学习，社会和公民素养，主动与创新意识，文化意识与表达。同时提出贯穿于八大核心素养之中的共同能力,如批判性思维、创造力等。

中国学生发展核心素养,以科学性、时代性和民族性为基本原则,以培养"全面发展的人"为核心,分为文化基础、自主发展、社会参与三个方面。

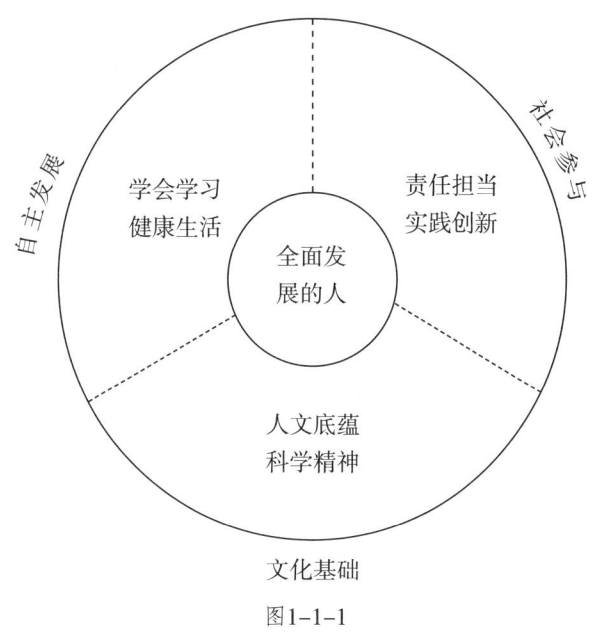

图1-1-1

综合表现为人文底蕴、科学精神、学会学习、健康生活、责任担当、实践创新六大素养,具体细化为国家认同等十八个基本要点。根据这一总体框架,可针对学生年龄特点进一步提出各学段学生的具体表现要求。

核心素养的提出,让教育改革进入"3.0时代"。近十几年来,核心素养的教育与测评日益引起全球的关注,甚至成为许多国家或地区制定

因循结构　培育素养
——小学数学"结构化"教学的探索

教育政策、开展教育改革的基础。面对日新月异的社会与经济变革,全球许多国际组织、国家和地区都在思考如何培养未来的公民,以使其能够更好地适应未来的工作与生活。

我们的传统是重视"双基",即基础知识与基本技能,后来又提出三维目标——知识与技能、过程与方法、情感态度与价值观。从"双基"到三维目标,再到核心素养,是从教书到育人这一过程的不同阶段。打个比方,落实"双基"是课程目标1.0版,三维目标是2.0版,核心素养就是3.0版。

核心素养的提出,将会进一步落实立德树人的根本任务,改变教育领域内依然大量存在的"唯分数论"的现象。近年来,素质教育在取得显著成绩的同时,仍存在课程教材的系统性、适应性不强,课程体系评价标准不明确,高校、中小学课程目标有机衔接不够,部分学科内容交叉重复等问题。曾任教育部基础教育二司副司长的申继亮介绍,要解决这一问题,需要以核心素养为纲,通过各部门协同配合,从整体上推动各教育环节深层次的改革。明确核心素养,一方面可通过引领和促进教师的专业发展,改变当前存在的"知识本位"现象;另一方面可帮助学生明确未来的发展方向,激励学生朝这一目标不断努力。

核心素养,以培养"全面发展的人"为核心。

有记者访问一位获得诺贝尔奖的科学家:"教授,您人生中最重要的东西是在哪儿学到的呢?"科学家回答:"在幼儿园。在那里,我学到了令我终身受益的东西,比如说,有好东西要与朋友分享,要谦让,吃饭前要洗手……"

有人说,什么是素质?当你把在学校学的知识都忘掉的时候,剩下的就是素质。今天孩子在课堂里学化学,不是让他成为化学家,我们关注的是,毕业以后,作为一个公民,学过化学和没学过化学有什么差异?化学能留给他终身受用的东西是什么?这就是核心素养。

正是因为素养教育反映在整个学校的教育教学之中,反映在课程中、教学中、课堂中、活动中,反映在学校的显性和隐性的文化中,其落实格外不易。课程改革、教师培训、科学评价,缺一不可。

第二节　数学核心素养的要义

2022年4月教育部颁布了《数学课标（2022年版）》，其修订大体遵循两个基本原则：一是保留《义务教育数学课程标准（2011年版）》的合理内核（逻辑思维能力、逻辑推理能力）；二是延续《普通高中数学课程标准（2017年版）》倡导的数学学科核心素养主张。

《义务教育数学课程标准（2011年版）》的重要贡献，是把传统的数学课程目标从"双基"拓展到"四基"（基础知识、基本技能、基本思想、基本活动经验）、从"两能"（逻辑思维能力、逻辑推理能力）拓展到"四能"（发现和提出问题的能力、分析和解决问题的能力），提出了发展学生数学素养的十个"核心词"，即数感、符号意识、空间观念、几何直观、数据分析观念、运算能力、推理能力、模型思想、应用意识和创新意识。这些核心词与数学核心素养内涵密切相关。

数学核心素养的提出，源于2014年教育部颁布的《教育部关于全面深化课程改革落实立德树人根本任务的意见》文件，其目的是更好地贯彻党的十八大提出的"把立德树人作为教育的根本任务"这一宗旨。该文件提出了基于核心素养的课程目标，并且要求将课程目标落实到当时正在修订的有关普通高中课程标准中。在这样的背景下，《普通高中数学课程标准（2017年版）》提出了基于"三会"的数学学科核心素养，并将"三会"作为培养数学学科核心素养的指导思想。基于"三会"的数学学科核心素养是指：会用数学的眼光观察现实世界，会用数学的思维思考现实世界，会用数学的语言表达现实世界。与此对应的数学学科核心素养分别是：数学抽象和直观想象，逻辑推理和数学运算，数学模型和数据分析。

党的十九大进一步提出教育要"落实立德树人根本任务"，因此，基于核心素养的课程标准的修订，对这一任务的强调只能加强，不能削弱。这也意味着，数学核心素养的培养不仅要落实在高中阶段的数学教育中，而且要落实在义务教育阶段的数学教育中，或许还应落实在大学阶段的数学教育中。数学核心素养的培养要具有一致性和阶段性。一致性，即从小学到初中、高中，甚至到大学，其内涵基本保持不变；阶段性，即在不同的教育阶段，数学核心素养的具体表现应当有所不同。由此，可以把数学核心素养一般性地表述为：经过对数学课程的学习，受教育者应当具备的基本素养。

此外，数学核心素养的培养也应具有整体性，即必须兼容数学课程和数学教育的基本特征。数学课程和数学教育的基本特征，是人们在数学学习和数学研究的过程中逐渐形成和发展起来的。"三会"是培养数学核心素养的应有之义。无论是培养《义务教育数学课程标准（2011年版）》提出的十个核心词，还是《普通高中数学课程标准（2017年版）》提出的六个主要方面，是数学核心素养在不同学段的具体表现。可以肯定的是，数学核心素养的培养在各个学段的表现应当具有进阶性，即低段数学核心素养的培养应偏于具体，更加侧重于意识方面；高年段数学核心素养的培养应偏于抽象，更加侧重于能力方面。基于这样的思想，《数学课标（2022年版）》把数学教育所应形成和发展的核心素养统一表述为"三会"，并分别描述了"三会"在小学阶段和初中阶段的具体表现。

数学的眼光是什么呢？主要是数学抽象。数学的抽象形成了数学的第一个基本特征，即数学的一般性。就具体表现而言，《数学课标（2022年版）》希望学生达成的目标是：在小学阶段形成符号意识、数感、量感；在初中阶段形成抽象能力。此外，培养学生形成和发展几何直观和空间观念是贯穿《数学课标（2022年版）》始终的目标。养成观察问题的习惯非常重要。通过观察问题，学生能直观理解所学的数学知识及其现实背景，能在实际情境中发现和提出有意义的数学问题，在日积月累的数学探究过程中，逐步养成一般性思考问题的习惯，并在主动学习中学会把握事物的本质，以简驭繁，从而使好奇心、想象力和创新意识都得到发展。

数学的思维是什么呢？主要是逻辑推理。这就形成了数学的第二个基本特征，即数学的严谨性。就具体表现而言，《数学课标（2022年版）》希望学生在小学阶段能够形成一些推理意识，初中阶段逐渐形成推理能力。运算能力是唯一要求学生自始至终都要具备的能力。学生养成推理思考的习惯，能够合乎逻辑地认识和理解数学的结论和方法，探究自然现象或现实情境所蕴含的数学规律，经历数学"再发现"的过程，在日积月累的学习中，逐渐形成和发展质疑问难的批判性思维，并树立实事求是的科学态度，养成讲道理、有条理的思维习惯，从而拥有理性精神。

数学的语言是什么呢？主要是数学模型。数学借助数学模型回归现实世界，数学模型搭建了数学与现实世界的桥梁。这就形成了数学的第三个基本特征，即数学应用的广泛性。就具体表现而言，《数学课标（2022年版）》希望学生在小学阶段能够具备一定的模型意识、数据意识，在初中阶段上升为模型观念、数据观念。通过搭建数学模型，学生能够感悟数学与现实世界独特的交流方式，理解数学表达的合理性，感受数学的美，并且适应数字化发展，能够有意识地通过数据分析认识、理解和表达现实世界中那些不确定的现象，在日积月累的过程中，逐步养成用数学语言表达与交流的习惯，从而具备跨学科应用意识与实践能力。

总之，义务教育阶段的数学教育，既要关注学生现实生活的需要，又要关注学生未来发展的可能性；既要关注学生知识技能的掌握，又要关注学生思维能力的提升；既要关注学生数学知识的进阶，又要关注学生核心素养的发展。基于这样的考量，义务教育阶段数学课程的总目标，就可以用"三会"所表述的核心素养统领"四基""四能"和"情感态度与价值观"，这不仅继承了我国数学教育的传统特色与合理内核，还体现了与时俱进的发展理念。

第二章 结构化教学的内涵

本章导读：结构化教学需要同时关注知识内容和学习过程两个方面的结构化。就学的角度而言，结构化既体现在内容的结构性上，也体现在数学思想方法的结构性上；既体现在知识系统结构性上，也体现在学生认知过程的结构性上；既体现在教师课堂结构、板书形式的结构化上，也体现在学生思维结构化的孕育和发展上。就教的角度而言，结构化要求教师能够从宏观整体的角度进行教学设计，以学生已有的经验与知识为基础，为学生架构所学内容之间的桥梁，最终形成有章可循的体系，使学生能整体理解数学概念，掌握数学方法，形成数学素养。

第一节　结构化的核心要素解读

"结构"一词源于拉丁语"structura",原指统一物的各个部分、各单元及其关系,也指构成、建造。牛津词典对结构(structure)的解释有三点:一是指连接、组织和安排事物各部分的方法。二是指由各个部分组成的一个结构体,尤其指建筑物。三是指构成事物所有部分周密的安排和组织。"结构功能主义之父"列维-斯特劳斯认为,"结构"就是由一种符合几项特定要求的模式组成的。在他看来,"结构"就是理论或模式,是一个一般原理间的逻辑关系系统。联系事物系统的诸多要素按固有的相对稳定的组织方式或联结方式,构成一个统一的整体,其中诸要素之间确定的构成关系,就是结构。"化"的意思表示转变成某种性质或状态,换句话说,是指使某种对象具有某种性质或状态的过程。

综合起来,结构化的定义是使某种对象按照其内部要素的逻辑关系连接、组合形成结构的过程,使之具有结构的性质。结构或结构体是结构化的结果。

一、知识结构化

布鲁纳强调学生的学习必须掌握学科结构，即最基本的知识结构。要理解知识结构化，首先要理解知识结构。他认为知识结构包括组织结构、实质结构和句法结构。所谓的组织结构，即学科间的相互联系，如数学学科与科学学科之间的联系；所谓的实质结构，即学科的概念体系，也就是学科中最主要的概念，如小学数学"图形与几何"中正方形与正方体、长方形与长方体、圆柱与圆锥的概念；所谓的句法结构，即方法论，也就是某个知识点从哪里来，如何发展，又用到哪里去，主要讨论知识的发展规律、思想方法及如何从中得到创新的知识，如"圆，一中同长"的本质及其在生活中的广泛应用。

因此，在小学数学中我们谈及结构，也要去寻找其中不可缺少的要素，如知识结构、认知结构。

1. 知识结构

在小学数学中，知识结构包括课时知识结构、单元知识结构、跨年段的单元知识结构、后续知识结构、与它相关领域的结构等。

而知识结构化就是将知识内部各个构成按照一定的组建方式形成知识组块，进而内化为自我认知结构，建构良好的知识结构这一过程。在《数学课标（2022年版）》小学数学"图形与几何"模块中的知识结构化即将"图形与几何"的板块分别为"图形的认识与测量""图形的位置与运动"，按照内容之间的逻辑关系、思想方法之间的联系组建形成的知识组块，再将知识组块内化为自我认知结构，在脑海中建构成良好的知识结构这一过程。

2. 认知结构

那什么是认知结构呢？影响学习最重要的因素是学生已有的认知结构。学习者要有意义的学习，知识在学习者内化过程中发生了意义上的变化，使潜在的学习材料转化为学习者的知识结构，即形成个体的认知结构。奥苏贝尔认为形成良好的认知结构就是学生在学校学习的首要任务，而形成良好的认知结构则要求学生有意义地接受学习。这启发我们，在教学时注重学生的认知结构，能更好地把握教学设计。奥苏贝尔将传授明确、稳定而有系统的"知识群"，通过有意义地接受学习的方式形成良好认知结构视为学校教育的基本思想。而所谓的"知识群"就是知识的"要素"，形成良好的认知结构就是要以掌握知识结构为基础。他认为学校的教育价值就在于使学生将外在的、合理的知识内化，加深对知识的理解。

因此，认知结构和知识结构不同，认知结构是一种由认知经验、情感经验、动作经验组成的结构，它受外界因素的影响。在教学过程中，不同的学生受不同的认知、情感、动作等的影响会形成不同的认知结构，而他们将所内化的知识应用到实际生活中所表现出来的行为也是不一样的。

3. 认知结构和知识结构的关系

奥苏贝尔认为，只要在学习中，学生积极地将新知识"固定"或"类属"到自己已有的认知结构中，把新旧知识建立起实质的和非任意的联系，这种学习就是有意义的学习。因此，有意义的学习必须满足两个重要的条件：客体的新材料知识有潜在意义，学生主体有积极主动进行有意义的学习的意识。

二、结构化教学

结构化教学的实质就是根据儿童的认知特点，有组织、有系统地安排学习氛围、学习资料及学习过程，让儿童能够按照已经优化的知识结构学习的一种教学方法。

"结构化"的系统思想渗透到多门学科，多个领域。经过半个世纪，学科得到进一步发展，其核心的"结构化"思想引发了人们对教育的重新思考。

结构化教学的研究是为了解决当前教学中存在的点状化、狭窄化、机械化等现实问题。结构化教学极其强调对教材和教学内容的整合，主张创造性地使用教材，依据教材的编排体系、学生的认知基础和经验背景进行创造性的加工和应用。

在实际教学过程中，结构化教学在语文、数学、英语、物理、体育等学科都有所涉及，不少一线教师结合自己所涉猎的学科对结构化教学进行了探索。

叶澜在"新基础教育"理论中对结构化教学做了详细的阐述，提出"教结构、学结构、用结构"的结构化教学基本理论。颜春红认为小学数学结构化教学是在充分了解学生知识基础和能力经验的基础上，以完善和发展学生原有数学认知结构为目的，站在整体化、系统化的高度组织教学内容、设计教学方案、开展教学活动，促进学生在掌握知识的同时理解知识的逻辑关系，能真正举一反三地融通、建构知识，充分感受和把握数学的知识结构和方法结构，并形成比较完善的数学认知结构和思维结构的教学。

张佳在《基于结构化教学的小学数学教学设计研究——以〈整理

和复习〉为例》中指出结构化教学是以学科知识结构为基础,以学生已有经验为依据,通过具有逻辑结构性的活动帮助学生建立起学科核心概念、基本问题、事实性知识、学科分解概念等内容之间的联系的教学。结构化教学帮助学生建构自己的学科图景,在这个过程中,学生经历新旧知识的同化,不断获得学习的方法,认知水平逐渐提高,思维不断发展,解决问题的能力不断提升。

三、结语

我认为结构化教学是以学科知识结构为基础,以学生的认知结构为起点,教师通过整合知识结构、认知结构和教学结构等各要素的活动,来引导学生对知识进行总结和关联,并将其转化为自我认知结构的教学方式。

第二节　结构化的核心价值追求

《数学课标（2022年版）》颁布以来，结构化教学成为教育学界关注的焦点，成为教育专家及许多一线教师教学研究的课题。数学是研究数量关系与空间形式的科学，它是一门结构性、联系性很强的学科，与其他学科相比，具有抽象性高、逻辑性严和应用性广等多种特点。各个数学概念、数学定理、数学法则、数学公式和数学方法等数学知识之间联系紧密。在数学教学中运用结构化教学，能够有效地使整个教学内容被学生更加牢固地掌握，进而培养学生的学习能力、学习兴趣及学习习惯，最终指向提升学生的核心素养。

结构化教学在教育学和心理学领域有广泛的理论基础。布鲁纳指出："给任何特定年龄的儿童教某门学科，其任务就是按照这个年龄儿童观察事物的方式去阐述那门学科的结构。"韦特海默的格式塔心理学，也提到了整体不等于各部分之和，强调让学生利用基本的记忆、想象、联想、感知、体验等途径对学科知识进行由浅入深的学习。皮亚杰的认知结构理论认为学习的本质就是同化与顺应。奥苏贝尔的有意义学习理论也提到学习需要关注学习对象的上位概念与下位概念。作为西方最具代表性的教学理论，结构主义具有以下特征：强调"整体"和"关系"，这是结构主义的最基本特征；将认知结构化（模式化）；在研究方法上强调分解与化合；注重探究事物结构的层次。

毋庸讳言，我们的教育正面临着一个巨大的危险因素，那就是碎片化的教与学。大量事实表明，沉溺于碎片化的学习，将会一步步摧毁学生的深度思考能力。对数学教育而言，结构化教学正是我们急需的一种应对利器。

我们应将帮助学生逐步形成"结构性思维"看成"结构化教学"的一个重要目标，特别是帮助他们逐步地学会运用"逻辑思维"和"层次性思维"去分析问题和解决问题。许卫兵老师说："在数学教学的过程中，一定要关注那些更加上位、更为统整、更具'超能'的较高水平的数学思想方法、数学精神文化的培育。"他认为，当学生结构化思维的水平及自动化程度越来越高，他们就能将之自觉地应用到其他学科的学习领域，应用到日常生活领域，应用到人际交往领域，应用到从未有过的问题解决上。"若能这样，我们就可以说，他的数学素养就真正形成了，数学教育价值也真正地得以实现。"总之，这也应被看成"结构性思维"的一个具体应用，即我们不应满足于学生较好地掌握了数学基础知识和基本技能，还应帮助他们逐步地建立结构性思维，努力提升他们的思维品质，包括由理性思维逐步走向理性精神，也应当十分重视相关情感、态度与价值观的培养。同时，与简单地提倡"三维目标"相比较，我们应该更加重视三者之间的辩证关系，特别是，思维的教学应当很好地渗透于具体数学知识的教学之中，并发挥重要的指导作用。依据相关分析，我们显然也可引出这样一个结论，即相对于单纯的结构分析，我们应更加重视思维的发展性和阶段性。正如布鲁纳所说："任何学科都能够用在智育上是诚实的方式，有效地教给任何发展阶段的任何儿童。"

第三章 结构化与核心素养的联系

本章导读： 核心素养是在长期的教学过程中逐渐形成的，核心素养在不同学段的主要表现体现了核心素养的阶段性和各阶段之间的一致性。就整体把握教学内容而言，为实现核心素养导向的教学目标，不仅要整体把握教学内容之间的关联，还要把握教学内容主线与相应核心素养发展之间的关联。在教学中要重视对教学内容的整体分析，帮助学生学会用整体的、联系的、发展的眼光看问题，形成科学的思维习惯，发展核心素养。

因循结构　培育素养
—— 小学数学"结构化"教学的探索

第一节　数学核心素养内涵的结构化

《数学课标（2022年版）》指出："课程目标的确定，立足学生核心素养发展，集中体现数学课程育人价值。"由此可见，数学课程育人的总目标就是培养学生的核心素养。《课程方案（2022年版）》在课程标准主要变化中指出："优化了课程内容结构。以习近平新时代中国特色社会主义思想为统领，基于核心素养发展要求，遴选重要观念、主题内容和基础知识，设计课程内容，增强内容与育人目标的联系，优化内容组织形式。设立跨学科主题学习活动，加强学科间相互关联，带动课程综合化实施，强化实践性要求。"为此，《数学课标（2022年版）》在界定核心素养内涵上与《课程方案（2022年版）》保持了整体性、一致性和阶段性，以凸显结构化。具体地说，通过"三会"来统领各学段的学段目标，体现了数学核心素养内涵特点。这与结构化教学追求目标的聚焦"殊途同归"，无论是具体的一节课还是一个单元、一个学段，我们都应该聚焦核心目标，以核心目标来统领日常教学。《数学课标（2022年版）》以"学生核心素养发展"为总目标,并将其贯穿义务教育阶段的不同学段,是一个不可分割的育人整体目标。虽然学段是有划分的,但整体的育人目标是不可分裂的;一个人的成长是有不同阶段的,但整体的育人目标的前后要求是一贯的。当然,核心素养在每个学段、每个时期表述有所不同,体现其阶段性特点,但其本质是一致的。因此,我们聚焦育人目标的结构,关注不同阶段的不同表述背后的本质,引领日常的教育教学工作。

我们如果把《普通高中数学课程标准（2017年版）》《数学课标（2022年版）》中有关核心素养主要表现罗列比对（如表3-1-1），就能发现核心素养"一脉相承"，发现"三会"与小学阶段的11个核心概念、初中的9个核心概念及高中的6个核心概念之间的整体性、一致性和阶段性。不同阶段分别用"意识""观念"和"能力"等进阶发展的术语描述，这样宏观统整界定、微观分层刻画，不仅能让一线教师更好地理解"三会"内涵指向，还能帮助教师在教学实践的过程中更好地将每一课时的教学目标与教学内容一一对应，进而落实相应核心素养的培育，逐渐在探索与实践中摸清数学的教育意义与教学价值。

表3-1-1

核心素养构成	整体性、一致性与阶段性		
	小学	初中	高中
数学眼光	数感、量感、符号意识	抽象能力	数学抽象
	几何直观	几何直观	直观想象
	空间观念	空间观念	
	创新意识	创新意识	

续表

核心素养构成	整体性、一致性与阶段性		
	小学	初中	高中
数学思维	运算能力	运算能力	数学运算
	推理意识	推理能力	逻辑推理
数学语言	数据意识	数据观念	数据分析
	模型意识	模型观念	数学建模
	应用意识	应用意识	

《数学课标（2022年版）》修订的根本目的在于落实立德树人根本任务，体现核心素养导向，让核心素养落到实处。因此，数学课程要更好地凸显所承载的"育人价值"，实现"学科育人目标"，就需要我们一线教师在数学教学中要聚焦数学课程育人目标结构的整体性，着眼于学生核心素养的发展，做到"既见树木又见森林"。在平时的教育教学中，数学教师教学不能只停留在"知识层面"，应引导学生从"碎片化知识"上升到整体认知，超越单纯的知识学习，关注学生终身发展需求所必备的基础知识、必备品格和关键能力，关注核心素养的落地。为此，数学教师应改变以往传统的数学课程观，塑造立德树人的数学教育教学观。数学教师在教学过程中应理性地审视"学生通过数学学习究竟能获得什么"的问题，在理性审视和价值辨析的基础上，认真思考课程目标、课时目标、学生起点、教学环节、教学落实等基本问题，并对每节课在核心素养目标上进行准确定位，在研究实践探索中，不断提升自己的教育教学能力。

第二节　数学课程内容体系的结构化

　　课程内容的整合或调整是《数学课标（2022年版）》结构化的又一体现。《数学课标（2022年版）》指出："课程内容组织。重点是对内容进行结构化整合，探索发展学生核心素养的路径。"课程内容的结构化整合，能将零散的知识点通过核心概念串起来，更好体现数学学习内容间的关联性与整体性，让学生整体感悟学习内容、学习进程，实现知识与方法上的迁移，以便更好地理解和掌握数学本质。这与我们的结构化教学主张高度契合，结构化教学就是要求教师主动地将离散的、断裂的知识点进行系统的梳理、归纳和整合，致力于寻找知识之间的关联，将散点的知识串成线、形成面、构成体，帮助学生建构整体的结构思维和认知结构。

　　课程内容结构化是《数学课标（2022年版）》修订的重要理念，我们教师应明晰数学课程内容的调整、整合，有助于准确地理解和把握《数学课标（2022年版）》，并有效落实于教育教学实践中，帮助学生建构结构化的知识体系。《数学课标（2022年版）》与《义务教育数学课程标准（2011年版）》相比，在四大领域通过主题整合的方式呈现整合或调整，具体见表3-2-1。这些整合或调整，不只是形式上的变化，更多的是从学科的本质特征和学生学习的需要视角进行结构化、主题式的统整。

《义务教育数学课程标准（2011年版）》与《数学课标（2022年版）》小学阶段课程内容结构整合、调整表，如表3-2-1所示。

表3-2-1

领域	版本	数量	主题						备注
数与代数	2011年版	6	数的认识	数的运算	常见的量	探索规律	式与方程	正比例、反比例	方程、反比例移到第四学段，百分数移到统计与概率
	2022年版	2	数与运算		调整到综合与实践	数量关系			
图形与几何	2011年版	4	图形的认识	测量	图形的运动	图形与位置			
	2022年版	2	图形的认识与测量		图形的位置与运动				
统计与概率	2011年版	3	分类	简单数据统计过程	随机事件发生的可能性				
	2022年版	3	数据分类	数据的收集、整理与表达	随机事件发生的可能性				
综合与实践	2011年版	1	综合运用知识和方法解决问题						
	2022年版	2	跨学科主题学习	知识内容融入其中（人民币认识、时间、质量、方向、负数）					

此外，史宁中教授还提出用"研究对象+"来体现知识的结构性或整体性，即用"研究对象+"构成一个整体，如把数作为一个研究对象，那我们研究的不只是数，还要研究数的性质、大小、运算等；把图形作为一个研究对象，还要研究图形的特征、测量等。总之就是将相同本质特征的内容整合，着力构建单元整体为形、学科本质为魂的"大单元"学习。

结构化的知识体系有利于结构化教学。布鲁纳说："不论我们选教什么学科，务必使学生理解该学科的基本结构。"数学教学应把学科知识看作一个有机的整体，以突出学科知识间的内在联系，教学时必须以一种有利于学生学习的方式再现这种联系。教师要重视对教学内容的整体分析，这样才能了解到教学内容是在怎样的基础上发展起来的，又与后面所要学习的内容有何联系，从而深化对数学知识本质的理解，有利于建构单元学习主题统整下相互联系的数学知识体系，进而引导学生体会不同数学知识之间学习方法的一致性，节约认知成本，减轻负担。更重要的是，可以帮助学生形成结构性思维，从寻找联系入手，把个别的、离散的现象构造成浑然一体的系统，从而形成科学的思维习惯，提升素养。

结构化教学有利于知识与方法的迁移。《数学课标（2022年版）》指出："在教学中要重视对教学内容的整体分析，帮助学生建立能体现数学学科本质、对未来学习有支撑意义的结构化的数学知识体系。……通过合适的主题整合教学内容，帮助学生学会用整体的、联系的、发展的眼光看问题，形成科学的思维习惯，发展核心素养。"布鲁纳说："任何学科的基本原理都可以用某种形式教任何年龄的任何人。"《数学课标（2022年版）》将课程内容的主题整合，主要是通过相关的核心概念将散点的知识进行了关联。这就为我们倡导立足于知识系统和学生已有知识经验，以整体建构为抓手，聚焦方法结构的结构化教学提供了可能。因此，在日常教学中，教师应通过结构化的意义重构模块化的教学，帮助学生分析、提炼学习主题的核心概念，建立清晰的知识结构，让学生在深刻理解数学学习的内容和本质的同时，实现知识与方法的迁移。

第三节 知识与核心素养的关系

从国际范围来看，人们对素养的理解已经进入了"知—用"视角。2015年，联合国教科文组织发布的报告《反思教育：向"全球共同利益"的理念转变？》提出："知识包括了信息、理解、技能、价值观和态度。素养则是指在特定情况下运用这些知识的能力。"2018年，OECD发布的报告《教育与技能的未来：教育2030》也强调，"素养不仅仅是知识和技能的获得，更是调动知识、技能、态度及价值观以满足复杂需求的能力"。综合上述观点来看，素养不仅是指个人所掌握的知识、技能、情感、态度、价值观等元素的集合，也指在掌握这些知识、技能等元素的基础上，对其加以合理运用以解决实际问题的能力。

在各项能力当中，思维能力是颇受重视的一种，以至于"为思维而教"成为一个流行的说法。但任何针对思维能力的提升而进行的教学活动，都不是只有思维这一个单独的元素。思维不能在真空中进行；暗示和推论只能在头脑里发生，而头脑里必须具有知识，把知识作为暗示和推论的材料。观察和知识的传授是获得材料的途径，而它们进行的方法，对思维习惯又具有直接的影响。这种影响是比较深的，以致人们往往觉察不到。因此，所谓的思维教学，其实隐含着"知识传授"这一必要前提，只有让学生先掌握了基础知识，思维才可能得到有效的"教"，思维能力才能因此而提升。

这样，我们就可以对知识和素养的关系做一个大致的勾勒：知识、技能、情感、态度、价值观等，是构成素养的基本元素，在这些基本元素当中，知识是基础，是前提。但素养并不仅是知识、技能、态度等元素的简单相加，还包括个体对知识、技能和态度等元素能够进行恰当运用，以满足某些合理需求的能力。而合理运用的前提，则是个体已经掌握了相应的知识，具备了相应的技能、态度、情感等。所以，素养应该是个体已经掌握的知识、技能和运用这些知识、技能来满足自身需求的能力的综合体现。其中，个体的知识、技能水平和情感、态度、价值观状况，是其"运用能力"的基础；而个体的知识掌握情况，又影响着其技能高低和情感、态度、价值观。于是我们可以看出，在素养这一大的"框架"中，知识可以说是"基础中的基础"（图3-3-1）。

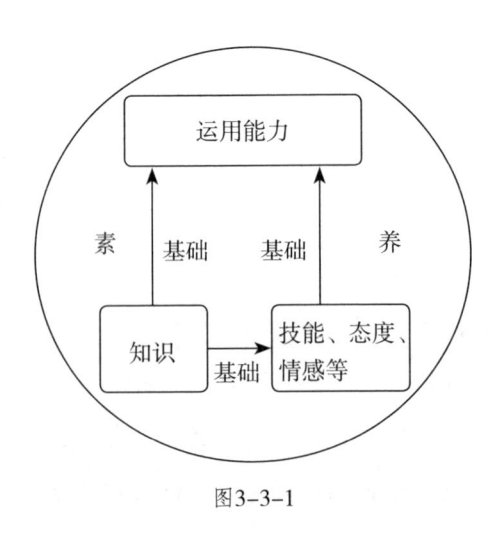

图3-3-1

既然知识在核心素养中的地位如此重要，那么教学的关键就应该在于知识的有效传授。但强调知识传授的应试教育很容易遭到批判。应试教育的确值得批判，但批判的焦点不应在于应试教育唯知识马首是瞻；恰恰相反，应试教育中的知识教学其实是远远不够的——不是说知识教得太少，而是指知识的深度不足。应试教育表面上是以知识的记忆和训练为核心的教育，但它往往只能让学生对知识有一个浅表化的理解，难以深度掌握，无法让学生举一反三、知用结合，这才是导致广大学生沦为"考试机器"、缺乏实践能力的根本原因。

学生知识库存的简单增长并不足喜，真正有深度的教学需要让学生从知识的理解走向知识的迁移运用。新颁布的义务教育阶段各学科课程标准也均将"突出实践"作为课程实施的原则之一，要求加强知行合一，加强课程与生产劳动、社会实践的结合，甚至要求推进功能与技术实践，这就是强调"知识运用"的体现。美国"界定深度学习和21世纪技能委员会"在其研究报告《为了生活和工作的教育：在21世纪发展可迁移的知识与技能》中也提出："深度学习不仅是要让学生获得知识，还要让学生知道如何、为什么以及何时运用这些知识去回答问题和处理任务。"也就是说，真正理想的知识教学，不是少教乃至不教知识，直接培养运用能力；而是要从知识的理解走向知识的迁移运用，要将知识教明白、教深刻，并对如何合理运用知识进行启发、示范或培养，使学生的迁移运用能力在理解知识的基础上自然而然地生发出来，从而实现通过知识教学来促进素养的全面提升。

那么，这样的知识教学具有什么样的特点？

首先，根据《数学课标（2022年版）》的要求，教学中的知识应该是结构化的知识体系，而非零散的知识点。教给学生知识体系，意味着

因循结构　培育素养
——小学数学"结构化"教学的探索

学生不是"学了新的就忘了旧的",不是只记得知识的本质而不了解其变式,而是能够形成知识结构,可以"牵一发而动全身"。掌握知识结构,有利于学生对知识的灵活运用。

知识的灵活运用绝不仅限于同一学科内部,不同学科知识之间其实也是可以相互借用的。《课程方案（2022年版）》就强调"加强学科间相互关联"。《数学课标（2022年版）》提出要实施核心素养导向下的单元整体教学,体现内容结构化。《数学课标（2022年版）》以核心素养为导向,强化数学课程的育人导向,加强了数学知识之间内在的关联性。核心素养导向下的结构化教学应做到以下三点：

首先是改变过去以课时为单位的教学设计,从而强化单元学习内容的整体性。这种以课时为单位的传统教学设计容易陷入只见树木,不见森林的零散的、碎片化的知识点的学习。单元整体教学设计则重视结构化、整体性和知识的关联,要能形成知识串,抓住知识的本质。在教学过程,要经历从零散的知识点教学,到有关联的知识链学习,再到有知识结构的整体教学,这样的教学过程,可以使教师对所教知识形成整体的、系统的、结构化的认识,在实际教学中实施深度教学。

其次是体现教学知识之间的内在逻辑联系,凸显教学内容的结构性。《数学课标（2022年版）》提出要设计体现结构化特征的课程内容。抓住课程内容的内在关联,有机组织起来,形成知识结构。教师在设计时就要对课程内容进行二次重整,将有关联的知识组织在一起,让学生有关联地学,有结构地学习,通过合适的整合,就可以帮助学生用系统的、整体的、联系的、发展的眼光看待问题,从而培养学生的核心素养。

最后是注重学习内容与核心素养表现的关联,明晰核心素养的落脚点。

在教学时，我们要注重将教学内容与学生的核心素养表现有机地联系起来，将核心素养的表现体现在学习目标之中。在教学知识的同时，要将核心素养的进阶体现在学习知识的过程之中。始终围绕培育学生的核心素养而设计教学活动，要清楚核心素养的落脚点在哪里，真正做到心中有数，将核心素养的"三会"有效落实在课堂的每一个环节。教师要明晰每一个核心素养表现到底体现在哪里，在哪些教学内容中能体现出来。要紧扣《数学课标（2022年版）》中的每一个核心素养的表现，看看以怎样的教学路径才能实现核心素养的落实。

因此，培养学生核心素养的关键，不是在教学中要不要知识、知识重不重要的问题，而是如何要，如何彰显其重要性，如何坚持知识的核心地位的问题。如果学生对知识的掌握不是依靠死记硬背，而是力求深刻理解和灵活运用，如果知识的训练过程形式新颖、方法多样，能够让学生积极投入，那么通过高质量的知识教学来促进素养的全面提升，就不再是一句空洞的口号。结构化教学的意义，也在于此。

中篇 我的结构化教学研究

第四章 用结构的思维"教研"

本章导读：教师培训是落实课程改革要求、提升育人质量的关键。研课时教师要围绕整体把握结构化课程内容体系、单元整体教学、跨学科主题学习、基于核心素养的学业质量标准与考试评价等关键问题进行研修。通过模型表达的方式将学科基本内容与结构化学习建立牢固关系，实现从课程到教材再到师生互动的协同转化，使学生将素养内化为整合样态。

第一节 以"读"促"备" 把握结构

——小学数学结构化备课的思考

《数学课标（2022年版）》的理念向我们走来的时候，传统的课堂教学中教师讲、学生听，教师灌输、学生机械接受的那种教学模式亟待改变。打造师生互动、生生互动、善思好问、以生为本的新型课堂是广大教育工作者的追求。之前听过很多公开课，师生合作十分融洽，教师的点拨、学生的自主合作都十分到位。与讲课老师交谈时，他们却说：在第一遍试教时往往感觉效果不好，是经过不断修改教案，反复试教，最后才达到理想的教学效果的。过后我仔细想：原因是第一遍备课教案不够全面吗？其实不然，原因在于教师在第一遍备课时往往过于"理想化"，一些教学环节可以说是教师"绞尽脑汁"后想出的"独具匠心"的设计。但是，这只是教师在"解读"教材这一层面上所设计出来的"教"案，并不是学生学习的"学"案。苏联教育学专家斯卡特金说："我们建立了很合理的、很有逻辑的教学过程，但它所给积极情感的粮食很少，因而引起了很多学生的苦恼，恐惧和别的消极感受，阻止他们全力以赴地去学习。"《数学课标（2022年版）》指出，"注重教学内容的结构化。教学内容是落实教学目标、发展学生核心素养的载体。在教学中要重视对教学内容的整体分析，帮助学生建立能体现数学学科本质、对未来学习有支撑意义的结构化的数学知识体系。"因此，作为教师，我们在备课时不能只停留在为了演绎自己所设计的"教案剧"，而对学生的认知基础和差异视而不见。这样，往往会导致教师一个人在很辛苦地唱着"独角戏"的现象。

因此，教师在平时备课时应当结合学生的已有认知进行结构化的备课，具体应注意以下三点。

一、解"读"教材，把握结构

探索大单元教学，积极开展主题化、项目式学习等综合性教学活动，促进学生举一反三、融会贯通，加强知识间的内在关联，促进知识结构化。教师要根据学生的具体情况，对教材进行再加工，有创造地设计教学过程。教材在地位上，不仅仅是"文本"，更是被教师和学生实实在在体验到、感受到、领悟到、思考到的一种资料，是一种动态的、生长性的"生态系统"和完整文化。教师在读教材时，应熟悉教材结构，应以"每一节""每一单元""每一册"为单位逐步进行熟悉，然后进行整体规划与结构化设计。不能上一节课前，只熟悉本节课的内容，更不能盲目地机械地照搬教参和公开课的现成设计。而应该有课程意识，根据教学的需要对教材进行处理，让教材更好地服务于教学。吴正宪指出："课本只是教课的材料，要想教得好，全在于应用，教师要灵活地驾驭教材，科学地、合理地设计教学过程；

要从学生的实际出发，以学生的认知规律为依据。要围绕主要的、实质的教学内容加以科学处理，使静态的课本材料变为有利于学生发展的动态教学活动。"例如，一位教师在教"左右"这节内容时，有一个环节是这样教学的：教师请学生仔细观察黑板的周围，说说哪些东西在黑板的左边，哪些东西在黑板的右边。学生基本上把黑板左右两边的东西都说出来了，突然有一位学生说："老师，我发现声母表中'b'和'd'，这两个字母一个半圆在右边，一个半圆在左边。"数学课上出现了语文知识问题。这是教师备课预设之外的，怎么处理学生生成的问题呢？这位教师当即给予肯定说："你观察得真仔细，现在请你们再观察一下声母表中哪些字母最容易混淆呢？"这时学生看得可仔细了，这时有一个学生说："我认为是'b''d''p'和'q'这四个字母最容易混淆。"教师："谁会用'左右'和'上下'来说说这四个字母中半圆的位置。"马上有学生举手说："'b'的半圆在右边的下面，'d'的半圆在左边的下面，'p'的半圆在右边的上面，'q'的半圆的左边的上面。"说得多好呀，听课的教师禁不住鼓起掌来。我很欣赏这位教师在学生说出了偏离自己所提问题的答案时，没有放弃引导。而是从单元目标出发（本单元要求学生会辨认前后、左右、上下六个方位）调整教学步骤，让学生用"左右、上下"来区分这四个字母中半圆的位置，达到了"一箭双雕"的效果。

二、解"读"学生，促进发展

教学内容是落实教学目标、发展学生核心素养的载体。"一切为了每一位学生的发展"是新课程的最高宗旨和核心理念。《义务教育数学课程标准（2011年版）》指出，教师要正确认识学生的个体差异，因材施教，使每个学生都在原有的基础上得到发展。备课很重要的一点是要"备"学生，对不同层次的学生的认知结构有全面系统的了解，因为教是以学为目的的。学生在学习中处于主体地位，"备"学生先要做到心里有全体学生，尤其是心中要时时想着学困生。教师不仅要尊重每一名学生，还要学会赞赏每一名学生。在教学中，教师要善于引导和帮助学生，还要了解上、中、下不同层次学生的个体差异及认知结构，即对学生学习的动机、兴趣、基础、智力、思想品德、生活环境、生活经验等方面有所了解。

例如，在教学一年下册"100以内数的认识"这节课时，要求学生学会数100以内的数。我通过事先调查发现多数学生在学前教育时已经学会了从1数到100。因此，这个环节我就不必再浪费时间了。但部分学生对2个2个地数，或5个5个地数不理解，于是我就设计了一个"数数接力"的环节。让上、中、下不同层次的学生进行不同形式的数数接力。第一环节，让还不会从1数到100的同学进行"1个1个地从1数到100"的接力，其他同学当裁判员。第二个环节，让中等生进行"5个5个地数"的接力。第三个环节让学优生进行"2个2个地数"的接力。第四个环节，"想一想，你还会几个几个地从1数到100"，使学有余力的学生得到进一步提高。这样的教学设计从学生的认知基础和个别差异出发，不搞"一刀切"，真正使每个学生在原有基础上得到了发展。

三、细"备"学法，有效指导

"备"学法要考虑如何教给学生科学的学习方法，并且以学法为依据设计和调整教法。学习方式的转变是课程改革的核心，教师要尊重学生的个体差异，努力实现学生学习的个体化和教师指导的针对性。因此，教师要"蹲下来看学生"，用学生的眼光来审视阅读教学内容，视学生为自己的学习伙伴。在教学中尊重学生的思维方式与价值观念，想学生之所想，疑学生之所疑。学法因人而异，凡是学生已学会的内容不必"老生常谈"，学生自己能学会的，则放手让学生去学。

例如，"100以内数的认识"这节内容的另一个知识点是"要求学生会说出一个数前面的数是几，后面的数是几"，如"79前面的数是（　　），后面的数是（　　）"。学生往往会出现"79前面的数是80，后面的数是78"的错误。很多教师常说："我上课一直强调前面的数要少数1，后面的数要多数1，可是学生就是记不住。"是啊，教师叫学生记住，学生就能记住吗？如果是这样，我们的教学不就简单多了。还有极个别的一种错误是："79前面的数是78，后面的数是79。"很多教师认为这是因为学生对前面的数和后面的数分不清楚，其实不然，因为我与学生谈话时，学生指着"78"对我说："78，后面的数就是79。"这种情况是学生对题目的意思不理解。出现这样错误的原因是学生的年龄较小，抽象逻辑思维能力较差。因此，我特地设计了这样的教学环节来解决这个问题——教师："同学们，一般排队时，个子小（矮）的同学排在队伍的前面。个子高的同学排在队伍的后面。数的排列和我们排队一样，小的数排在前面，大的数排在后面。"接着请矮、中、高三个同学上台，分别拿着78、79、80这三个数排好队，让学生形象、直观地了解这三个数的排列情况，并且理解是以哪个数为基准来填空的。

综上所述，教师在备课时，解"读"教材是基础，解"读"学生是关键，细"备"学法是保证。总之，备课一定要在"两读"的基础上，

因循结构　培育素养
——小学数学"结构化"教学的探索

根据学生的实际起点和发展可能，确定具体的教学目标，做出弹性化的设计，备在学生最需要时、最需要处，再根据学生的年龄特点，遵循学生的认知结构选择适合学生学习的学法。这样，使学生成为学习的主人的教学思想才能真正落到实处。

第二节　利用设备　提升素质

我校每年都会举行一年一度的年轻教师开课比赛活动，我作为评委，积极参与每一节课的听课活动。在听课的过程中，我发现课上得好除了与教学设计有关以外，在很大程度上取决于教师的课堂教学素质，就是教师的课堂教学习惯。为培养新教师良好的课堂教学素质，我从实践经验中提炼出一些用音像设备技术促进新教师专业成长的做法，与广大教师分享。

我主要以"音像设备"为载体，从"一听、二看、三思"三个方面进行实践，促进每位新教师课堂教学素质的提高，从而更好地促进新教师的专业成长。

一、听教学语言的表达

1. 听教学语言的习惯

教学是一种语言的艺术，教师的语言有时关系到一节课的成败。教师的课堂语言，首先要准确清楚，说普通话，表述简练，生动形象、有启发性。其次，语调要高低适宜，快慢适度，抑扬顿挫，富于变化。教师的教学语言丰富了，学生也会因你的抑扬顿挫、生动有趣而积极参与，活跃思维。但是在实际教学中，很多新教师因为忙于设计完美的教案，而忽视自己上课的语言表达。我听过很多新教师的课，虽然有的教学设计不错，但是课堂教学效果却不够理想，原因之一是有些新教师的课堂教学语言表达不够有吸引力。如果听课教师在听完课后对新教师描述课堂语言该如何表达才有魅力，语气、语调应该怎样，这样的口头说教对于上课者来说往往找不到感觉，对他们语言表达能力的提高收效甚微。自从有了多媒体，我就想到了让新教师听听自己上课的声音，更有针对性地知道自己的不足之处，从而更好地提高教学语言表达水平。

首先，我让新教师经常录下自己上课的视频，包括常态课、公开课、片段教学等，新教师可播放一遍或几遍自己上课的视频。每位教师可对照自己平时的教学语言表达，有意识地在平时课中加强练习。每一节课的练习主要从教学语言的语调和表述是否清晰、精练方面加以改进。然后我从电脑上查找一些名师的录像课进行对比，给新教师观看，观察自己和名师课堂教学语言的表达差距在哪里，有意识地在日常课堂教学中改进。通过一个星期的学习改进，再录一节课，指导教师和新教师一起听，听完后新教师先说说自己进步的地方，然后指导老师对优点给予鼓励，同时提出下次改进的地方，通过这样反复的"录课—听课—改进"的训练，给新教师一个课堂教学语言教态（站位、眼神、手势等）的改进周期。

2. 听评价语言的习惯

在学生的学习过程中，评价是一个必不可少的环节，也是一个非常重要的环节，评价作为教学活动的重要部分，一定要树立以学生发展为目标的评价观。在课堂教学中，教师要注意评价手段、方法的多样性，并辅以丰富多彩的面部表情和多样的手势语言，调动学生的学习积极性。在评价这个环节，要从学生的终身发展着眼，站得高，才能看得远。听评价语言的习惯就是听课堂上你是表扬学生比较多，还是批评学生比较多。如果教师批评埋怨学生的语言比较多，那么这是一种不良的教学习惯，应该马上改正。就像学生有好的学习习惯一样，教师也应该有良好的教学习惯。

我们要求新教师在听录课的过程中注意自己这节课表扬几次学生，表扬的语言表达是否有效。例如，有一个新教师一节课连续用了12次"你真棒，你真行"这样没有针对性的表扬语言，我的建议是表扬的语言应该有针对性。而有的教师听完后甚至发出"自己原来这么爱批评学生"的感叹，所以我对他们提出："我们的评价语言应该是尽量多地发现学生的闪光点，多关心，多鼓励，多爱护自己的学生。"通过听评价语言的习惯，帮助教师改正口头禅，减去一些无效、啰唆的语言，从而走向"精讲"，把更多的时间留给学生思考，最终达到提高课堂教学效率和真正落实"以学生为中心"。

二、看教师的教态

心理学研究表明，人的表达靠55%的面部表情+38%的声音+7%的言辞。教学姿态就是教态，是指教师在教学中的表情、语言、手势和身姿的综合表现，教态是教师讲课时的心情、表情、动作、神态、姿态等体态的表现，是伴随教师开展课堂教学的一种重要的辅助手段。学生在课堂上不仅要通过教师有声语言的讲解而"察其容"，而且要通过教师的教态而"观其色"。因此,良好的教态对提高教学效果起着非常重要的作用,教师课堂上的教态对课堂教学效果会产生不可低估的影响。"当局者迷,旁观者清",很多教师其实并不知道自己上课的教态具体是什么样的,大都是凭经验或感觉上课,如果没有通过看自己上课的录像,根本不知道自己的每一个举手投足、每一个眼神具体是什么样的。新教师刚踏上工作岗位,可塑性比较强,如果经常看看自己上课的教态,就会发现自己的不足之处,并且有意识地修正和塑造自己上课的教态,那么很快会形成良好的教态。

我们是这样做的,由"一帮一"结对子的指导教师到教室用录像机拍下他所指导的青年教师的课,然后师徒两人一起观看录像,主要从以下几个方面观摩:

(1)上课走路的姿态,站的姿态。

(2)上课的眼神,手势。

(3)一节课中在教室的站位(很多新教师一直站在讲台中心)等。

有几位青年教师看完自己的录像课,都发出"不看不知道,一看吓一跳"的感叹。针对每位教师通过看自己上课的录像发现了自己教态存在的问题的情况,给每位青年教师一个月的"教态改正周期",在这一个月期间,青年教师可以请同教研组的教师有空时听听他们的课,及时指出还存在的缺点,然后及时改正。一个月时间到,指导老师再用录像机拍下他的"徒弟"的这节课,然后师徒观看录像,找出优点和不足的地方,将最后一次和第一次录的录像课进行对比,看看自己哪些地方进步了,哪些地方还需改进,并注意"行为跟进"。新教师通过不断观摩自己的录像课,不断地改进自己的教态。在课堂教学时如果教师针对课堂上出现的不同情况,运用好体态语言和面部表情语言,有效地调节课堂教学气氛，有助于提高教学效果。

三、思教学过程

一节好课当然离不开好的教学设计，但是同一篇教学设计，不同的教师上课的效果各不一样。如何用好的教学语言把好的教学设计完整地表达出来，还得看每位教师的教学语言表达能力。刚毕业的新教师在备课时一般以教学参考资料为主，当新教师通过声音和教态这两关后，就开始"磨"新教师的独立备课这一关。如何让新教师脱离教学参考资料，设计出个性化的教学设计呢？我的方法是让新教师通过听、看自己上课的教学过程，再逐步优化。

具体做法如下：

（1）听这节课的教学环节安排是否合理，结构是否紧凑，层次是否清晰。

（2）听这节课的引入、新授及设置练习环节的时间，即一节课的教学结构安排是否合理，是否出现教师讲得太多、学生自主活动时间太少的情况。

（3）听教学设计的创新点在哪儿。

（4）听学生回答问题的情况，以便及时改正提问方式。

（5）听每个环节的教学语言表达是否精准简练，有无与教学设计相差太多的烦琐语言。

例如，一位青年教师在上"毫米、分米的认识"这节课中有一句过渡语"1毫米到底有多长呢"，这句话本来是这样说的："1毫米躲在哪里呢？"用"躲"字是为了突出低年级语言的趣味性，可是从录像课中学生的反应可以看出，他们注重找到尺子上的1毫米，忽视对1毫米长度的感悟。我们听完后对这句话提出质疑。如果从数学的科学性和严谨性来说，不能说"1毫米躲在哪里"，这样会让学生误解，而用1毫米到底有多长呢，突出了对长度单位的理解。后来她采用了我们的建议，发现这样的说法在帮助学生建立1毫米到底有多长的概念上起到了直观引领的作用。

当然新教师课堂教学能力的培养需要不断学习改进，努力提高自己的内在素养，通过经常听录像课，可以更快地帮助自己改变教学方式，把控课堂结构，从而提高自己驾驭课堂的能力。

总之，利用音像设备进行的"听、看、思"活动既是一个学习、研究、实践、反思的过程，更是教师专业成长的过程。这样的活动是新教师专业成长由理论走向实践，获得进步的快车通道，它能激发新教师的教学智慧，实现优质、高效的课堂教学。

第三节　课题实验　以研提质

课题研究，我主要从四个方面开展教研活动，分别是理论学习、合作交流、课例研究、经验总结。

一、理论学习——从单一走向多元

1. 丰富的理论学习活动

我们学校的教研活动时间分为业务活动和理论学习。在每周的理论学习时间，规定每位教师提前找一篇和提出问题有关的文章在教研组内宣读，读完后大家共同分析、讨论，然后在教研活动记录本上做好记录。理论学习的文章主要从《小学数学教育》《福建教育》《小学教学研究》等教育杂志上寻找，如"让问题扎根在学生的头脑中""教学中如何编数学问题""创设问题情境，引导主动参与""合理设计教学模式　培养学生问题意识""优化问题设计让数学学习具有挑战性"等与提出问题有关的文章。

通过对理论的学习，我们懂得了情境是某种场合下的一种氛围，是人的身心投入在一定情境的一种状态。在小学数学课堂教学中，我们常常要从生活实际中提取一些场景、画面、实物或实物模型，让学生进行观察、比较、分析，从中发现问题、分析问题、研究问题、解决问题，这便是问题情境。好的问题情境会使学生产生困惑和好奇心，能迅速地把学生的注意力吸引到教学活动中，使学生产生浓厚的学习兴趣和强烈的求知欲，从而使学生自觉地投入到学习和探求新知的教学活动中。因此，我们充分利用教材情境创设的特点有的放矢地培养学生提出问题的能力。

2. 形式多样的讲座学习

只有纯理论的学习还不能深入地进行实验。为了让每位教师都能清楚地、有目标地进行课题研究，我们抓住机会获取信息，并进行形式多样的讲座学习。例如，对优质课、精品课评选活动中的获奖优秀课例进行切片式评析，对教师提问和学生合作学习的优秀片段进行分析。另外我们充分利用多媒体设备让没有机会到外地听课学习的教师也能听到优质课和专家的讲座。例如，本学期我们把国家、省、市级分享的优质课例按学段进行分类整理，然后在教研活动时间组织学习、讨论，使每位教师提升自己的教学水平。

二、合作交流——从个体走向互动

1. 温情的"一帮一"

我校根据年轻教师较多的特点，采用互动协作原则，让"老"教师与年轻教师结对子，以"老"带"新"，相互促进，共同提高教学水平。我们根据教研组的教师年龄（教龄）结构进行"一帮一"结对子，"老"教师每学期至少上五节示范课给"新"教师听，"新"教师上十节汇报课给"老"教师听。"老"教师针对"新"教师所上的每一节课的特点做出相应的点评,指出优点与不足的地方,让"新"教师的课堂教学水平快速得到提高,而"老"教师也能从新教师的教学风格中学到新的东西。这样"新"老相互合作,整合教研资源,促进经验共享,使得我们的"一帮一"具有浓浓的"亲情感",许多青年教师脱颖而出,茁壮成长,"老"教师也能获得新能量,优化自己的教学。

2. 友情的集体备课

集体备课制度是有效地促进教师合作、实现共同成长的以校为本的教研制度。为了保证质量,我们成立了一个备课小组,改变过去个人孤军奋战的局面,形成一单元一反思的备课模式。具体做法是:开学初根据教材内容以单元为单位,根据单元确定每一单元的中心发言人,定时间、定主题进行"集体讨论",每周三教研的业务活动作为集体备课时间。讨论时,采取先个人说单元的教学目标,再谈设计意图、教法学法指导,后共同讨论办法,加以优化整合,最终根据班级学生的特点形成共性与个性相结合的方案,达到资源共享、优化教法的目的。值得提出的是,每个中心发言人必须根据本单元教学内容的特点说出哪些环节可以培养学生提出问题的能力,并写出这节课详细的教学设计,说说自己如何在具体的情境中培养学生提出问题、发现问题的能力。最后,把这节课作为课题实验研究课向年段教师汇报。

三、课例研究——从理论走向实践

1. 开展说课、听课、评课活动

说课、听课、评课是一种最为常见,且行之有效的学校教研方式,是教师研究课堂教学、提高业务能力最有效的途径。有了理论学习的指导，我们组的每位成员把自己选定的汇报课，写成说课稿在教研组内先进行说课，然后通过全组人员的共同讨论、分析，提出修改意见，最后选出最优方案，写出详细的教学设计。有了教学设计，再给每位教师充分的准备时间，然后进行听课、评课活动。听课时，我们7个人分组有所侧重地进行记录，有的侧重研究课上教师采用什么教学策略，能达到什么教学目标；有的侧重研究课上教师采用什么样的教学方式，如何调动学生学习的积极性；有的侧重分析教师在哪个环节创设的什么样的情境让学生提出问题。这样的听课是为了教师共同学习、共同提高。评课时我们首先让讲课教师谈一谈讲课后的感受：有哪些环节自己比较满意？哪些环节留下遗憾？对学生提出问题能力的培养是否达成预期的目标？然后其他教师再谈一谈自己的观点和见解。总之，我们教研组在评课时是讲课教师与听课教师进行的一种平等的、民主的、和谐的交流活动，在交流中相互学习、相互借鉴，共同提高。

2. 开展青年教师课堂教学比武

为了提高每个教研组活动的质量，学校每学年还以年段教研组为单位举行青年教师课堂教学比赛。以年段教研组为单位选定1~2名青年教师参加校级教学比赛。公开课比赛后，同事间评课、议课，特别是讲课教师及时反思，有助于教师的专业成长。课题实验促使教师增强了研究课堂教学的意识，通过集体备课、上课、反思、评课的研究实践提高了教师的课堂教学研究能力，这样由组级向校级推进，从不同程度上间接提高了每个教师的专业水平。

四、经验总结——从实践走向反思

1. 写教学设计、案例分析

在课题实验的过程中，我们鼓励教师大胆探索，勇于实践，不断总结和反思。例如，要求每位教师把自己结合实验课题所上的组级汇报课及时写成详细的教学设计，期末编辑成册；将平时自己如何创设具体情境引导学生提出问题、发现问题的过程及时记录下来，整理成案例分析。例如，上完"年、月、日"这一课时，有的教师是在课题出示时让学生提出问题，有的教师是在新授课完成后让学生提出问题，有的教师是在课结束时让学生提出问题。我们再把学生提出的问题综合起来分析，讨论哪个环节学生提出的问题更有研究的价值。

2. 写课后反思、经验总结

反思活动是提高教师个人业务成长的有效、快捷的途径，我们要求每上完一节课都要及时在教案后面写上教学反思。上完课后，我们教研组经常在一起讨论自己上完课后的感受，从学生的反应情况（上课的纪律、学生的眼神、回答问题的状态，提出问题的能力、练习的效果等）来反思自己的教学效果。通过反思，每位教师都乐于跟大家分享成功教学片段的喜悦，分析失败环节的遗憾之处并提出如何改进的意见。整个教研组在互动的过程中成长。到了期末，每位教师把自己本学期课题实验研究写成经验总结再由学校统一编辑成册。

五、存在的问题及今后应努力的方向

在学期末我们会针对课题研究过程中碰到的问题有何经验与教训进行一次对话交流。

1. 存在问题

（1）学生在课堂上提出问题的积极性还不够高，提出问题的范围也较窄，该如何更好地引导？

（2）如果在课堂上放手让学生提出问题，经常会出现教学时间不够的情况，该怎么办？

（3）有些教学内容没有问题情境，我们教师该如何去创设更好的问题情境？

2. 今后应努力的方向

（1）进一步研究怎么创设更好的问题情境，使学生能提出更有价值的数学问题。

（2）在不同学段的小学生中，根据他们的年龄特点和学习经验，可以从哪几个方面来培养他们提出问题的能力。

（3）多学习一些关于问题解决方面的专著。

第四节 转变方式 完善结构

2020年6月30日，中央全面深化改革委员会第十四次会议审议通过了《深化新时代教育评价改革总体方案》，首次提出"探索增值评价"。"增值"在经济学中指的是"附加价值"，后来田纳西大学统计学教授威廉·桑德斯将其引入到教育学领域中，作为评价学生、教师、学校和学校体制的评价方式，以学生成绩的提高程度为评价指标，即增值性评价对学生的评价是动态评价。这种评价方式将学校因素对学生成绩的影响从其他因素（学生生源、办学条件、教育经费等无法改变的因素）中剥离出来。增值性评价的内涵可以用以下简短的公式进行表达：增值=输出－输入值，根据学生入学时的入学水平、学校设施等给出输入值，学生接受学校教育一段时间后得出输出值，输出值与输入值之间的差值就是学生的增值。本研究尝试应用增值性评价的三个特点（增值性评价实现了关注点的变化、增值性评价具有潜在的诊断性功能、增值性评价能够满足所有学生的需要）把学习方式转变后学生的数学学习能力等各方面的进步变得"可视化"。

因循结构　培育素养
——小学数学"结构化"教学的探索

学习方式是一个组合概念，涉及认知、行为、情感三个方面，其中行为是主体，认知和情感则是内涵。新一轮基础教育课程改革的一项重要目标就是要促进教师教学方式和学生学习方式的转变。2001年，教育部印发的《基础教育课程改革纲要（试行）》提出了"教师在教学过程中应与学生积极互动、共同发展，要处理好传授知识与培养能力的关系，注重培养学生的独立性和自主性，引导学生质疑、调查、探究，在实践中学习，促进学生在教师指导下主动地、富有个性地学习"的要求。《全日制义务教育数学课程标准（实验稿）》指出，教师应激发学生的学习积极性，向学生提供充分从事数学活动的机会，帮助他们在自主探索和合作交流的过程中，真正理解和掌握基本的数学知识和技能、数学思想和方法，获得广泛的数学活动经验。学生是数学学习的主人，教师是数学学习的组织者、引导者与合作者。在此改革背景下，各种各样新型的教学方式和学习方式（如对话式教学、合作式教学、探究式学习、自主式学习等）如雨后春笋般被推向了历史舞台，受到了广大教师和学生的关注与重视。一方面，这种新型的教学方式和学习方式克服了传统机械、僵化、陈旧、呆滞、刻板、封闭性教学方式和学习方式的流弊与沉疴，给基础教育教学实践带来朝气和活力；另一方面，在具体的课堂教学实践中，很多教师碍于各种因素没有真正落实到位，有的甚至是"穿新鞋走老路"，所以教师和学生在实施过程中也有很多困惑和迷茫。

在此，我提出来的一个追问就是：如何给予这种"转变后的教学方式"和"转变后的学习方式"一个"效能保证"？也就是说，新课程所倡导的教学方式和学习方式究竟是在何种意义上才能被称为是一种"正确的"或"有效的"教学方式和学习方式？教师的教学方式转变在何种程度上才能真正促进、巩固与加强学生的自主学习动机和策略以及学生自主学习能力的发展，进而真正保障教育教学质量和促进学生身心素质的全面提升？因此，我们在大力倡导与推进教师教学方式转变和学生学习方式转变的同时，也应当协同一种崭新的评价理论即增值评价对转变的有效性、合理性、适切性、针对性等问题进行更为周全和更深层次的探讨。

《数学课标（2022年版）》指出，评价不仅要关注学生数学学习结果，还要关注学生数学学习过程，激励学生学习，改进教师教学。前人已经通过研究表明运用增值评价的概念和方法，可以有效地测量在某一时间段教师教学效能和学生学习效能相较于同一时期的其他师生之相对进步的程度。因此，我们在对转变效能进行评价时，应当设置能具体反映教师教学过程和结果以及学生学习过程和结果的指标，即以某种"增值"为评价依据，也可称为增值评价。课题拟研究以探索增值评价在评价学生学习态度、学习习惯和学习能力等方面的发展中所呈现的"增值"部分，转变教师的评价观念，注重学生学习过程的多元性评价，更好地推进学习方式转变的实验研究，促使教师从理解学生学习方式的变革到落实行动研究，使得人人都能获得良好的数学教育，让每位教师形成"让每个学生都在原来的基础上得到不同的发展"的"增值"评价观，使每个学生逐步形成适应终身发展需要的核心素养。

一、教师方面：教师的教学方式转变了

教育科研是解决教学实践问题，提高教学成效，促进教师专业成长的必经之路。在课题研究中组织实验班教师展示交流活动，开展教学赛课、片段教学、评课等活动，示范带动全校教师变革教与学方式，尊

重学生主体地位，发挥教师主导作用，注重启发式、互动式、探究式教学，克服单纯教师讲学生听、教知识学知识等现象，引导学生主动思考、积极提问、自主探究。通过课题研究提高了教师的科研水平，建立了一支教科研紧密结合的骨干队伍。我们在教研常规建设和课题研究方面有新面貌、新成绩，教师的教学方式有了可喜的转变，这方面的成果可以从教师的课堂教学过程中体现出来。

1. 转变教师角色，注重以学为主

学生是学习的主体，所有的新知识只有通过学生自身的"再创造"活动，才能纳入其认知结构中，才可能成为下一个有效的知识。在实验过程中我们要求教师必须转变角色，尊重学生的主体性，以新的理念指导设计教学。在教学过程中，要根据不同学习内容，使学习成为在教师指导下自主建构知识的过程。教师是教学过程的组织者和引导者，教师在设计教学目标、组织教学活动等方面，应面向全体学生，突出学生的主体性，充分发挥学生的主观能动性，让学生自主参与探究问题。例如，余顺花老师在上"毫米、分米的认识"时，设计了一个让学生上台介绍自己对所学的长度单位"米、分米、厘米、毫米"有哪些新的认识，学生的表现完全超出教师的想象，他们用更直观、更儿童化的语言形象地描述了自己对这四个长度单位的认识。

2. 注重学习情境，激发学习欲望

实践证明，营造民主、和谐的课堂气氛是促进学生主动参与学习过程的前提。学习兴趣是学生有选择地、积极愉快地学习的一种心理倾向，它是学习动机中最现实、最活跃的成分，是推进学生主动参与学习活动的原动力。我们要求实验教师要真正做到尊重、理解、信任和爱护每个学生，把学生看作教学活动中的朋友和同行，使学生产生亲切感、

信任感和自信心。只有这样，学生才能心情舒畅、思维始终处于积极状态，才能敢想、敢问、敢于创新，从而自觉地参与到教学活动中来。在数学教学过程中，我们教师精心创设教学情境，如故事情境、问题情境、生活情境、游戏情境，让学生内心产生一种学习的需求，自觉地探索问题、获取新知。例如，在讲能被3整除的数的特征时，让学生随意提一个数，无论学生提的数是多少，教师都能快速地、准确地说出它是否能被3整除，学生感到神奇与惊讶，由此产生了强烈的求知欲望和主动探索的兴趣。

3. 丰富教学语言，挖掘学习潜能

在课堂教学设计的过程中应充分发挥教师的主导作用，改善教学方式，组织落实课程三维目标的课堂实践活动。教师在课堂上不仅要关注学生对学科知识技能的掌握，更要关注学生情感、意志、道德、行为、习惯等方面的发展，促进学生的全面健康发展。例如，在课堂上教师要常用商量的语气与学生对话："这道题你们用小组讨论的方法自己解答，好吗？""你能把你的好方法向大家介绍介绍吗？""听听大家的意见和你的想法是否一致，好吗？"在教学中，教师要常常倾听学生意见，互相亲切交流，或参与到小组活动中。当学生感到困难时，要给予他们关怀、鼓励，增强学生自信心，不仅使学生倍感亲切，而且能有效地激发学生的探索欲望和主动参与意识，从而能有效地激发学生的探索欲望和主动参与意识，打开思路，充分表达自己的见解，使学生真正成为"知识获得过程的参与者"。

4. 应用多媒体，师生共同发展

《数学课标（2022年版）》指出，合理利用现代信息技术，提供丰富的学习资源，设计生动的教学活动，促进数学教学方式方法的变革。

在实际问题解决中，要创设合理的信息化学习环境，提高学生的探究热情，开阔学生的视野，激发学生的想象力，提高学生的信息素养。在平时教学中，教师应充分利用智慧课堂等多媒体教学设施。这对师生来说都是一件喜事，教师上课有"帮手"了，他们充分利用多媒体的"声、情并茂"，改善教学方式，使原先"难讲""空口说不清"的知识通过多媒体多维呈现。例如，郑菊贤老师在上"角的度量"这一节课时，在介绍量角器时，充分利用教学课件展示量角器的产生，量角器的内角、外角的度数如何观察，让学生"一目了然"，教师教得自然，学生学得轻松，学生的学习效果得到有效增强。

二、学生方面：学生的学习方式丰富了

以课题研究为依托，开展了一系列的课研活动，学生是最大的受益者，他们不再是过去那"痛苦又无奈的受填的鸭子"。因为教师们精心营造了一个个开放而充满活力、多维立体的课堂，学生能自主地学习、合作地学习、快乐地学习。随着教师教学方式的改变，学生的学习方式也得以改变，他们一改传统教学中的"要我学"为"我要学""我会学"。通过课题研究，学生的学习方式更丰富了，主要体现如下。

1. 联系实际，激发学生兴趣——学生的应用意识增强了

《数学课标（2022年版）》指出，要使学生初步学会用数学的思维方式去观察、分析现实社会，去解决日常生活中和其他学科学习中的问题，增强应用数学的意识，要鼓励学生面对实际问题时，能主动尝试着从数学的角度运用数学的知识和方法，寻找解决问题的策略。例如，叶惠云老师在"购物"教学中，注意鼓励学生结合具体情境提出问题——到哪家商店购买比较合算？并通过"如果叶老师要买这种饮料该到哪家

商店购买比较合算，请大家推荐一下"，有效地启发学生，让学生提出"关键看要买多少"这一生成性的问题。在探索发现购物策略的教学中，注意发现学生的学法，并有意识地加以引导证实学法的有效性，如让学生明白选择购物策略可以通过分析购物策略，还可以通过算一算；引导学生通过猜测、验证、比较，得出购买30元以上饮料到丙商店合算。

2. 动手实践，引导学生学习——课堂气氛活跃了

小学生的思维以具体形象为主，在知识的构建过程中，教师应根据小学生的认知特点和数学知识本身的特点，有意识地设置学生动手操作的情境，使课堂处于一种积极探索的有序状态。例如，学习"厘米、米的认识"时，低年级学生对长度单位缺乏感性认识，课堂上教师为学生提供卷尺、米尺、格尺、直尺等工具，让学生以小组为单位，动手量一量课桌边的长度、铅笔的长度、黑板的长度、教室的长和宽等。通过动手操作，多种感官互相协调配合，使学生对厘米、米有了感性认识，激发学生的兴趣，使学生主动积极地参与学习，活跃课堂气氛，最终既发展了学生的自主学习能力，又提高了教学效果。

3. 自主探索，发挥主观能动性——学生参与课堂学习的积极性高了

让每个学生根据已有的知识经验，根据能力水平对所学的知识进行重新整合。例如，复习"乘数是一位数的乘法"时，整个过程学生自主归纳本单元的知识结构，再小结本单元的重点、难点、强调注意点。然后在巩固练习环节，教师引导学生积极主动思考，变做题为出题，激发他们的积极性，并用挑战性的语气说："同学们，以前我们都是做书上的题目，现在我们把这一单元的乘法计算的类型都进行了复习整理和归纳，现在你们会根据这些类型出一些题目来考考你的同桌吗？"听到要出题考同桌，同学们都激动地说："会。"于是这一单元的重点、难点都在学生自主出题的过程中一一攻破。教师巧用激励的方法，调动学生的积极性和创新思维，让学生在出题中对这一单元的知识结构进行了关联。

4. 合作交流，活跃学生思维——学生的课堂语言丰富了

在课堂教学中，把学习的主动权还给学生，让学习自己主动发现问题，探索新的知识，这对学生自己来说印象、感受最深，理解得也最深刻。教师应培养学生自主探索、积极思考的良好品质。例如，在学习了两步计算应用题后，教师出示了这样一道补充问题的应用题——二年（4）班买来9个红气球，黄气球的个数是红气球的3倍，并鼓励学生讨论各自的想法，提出不同的问题。思考后，学生各抒己见，学生想了很多种方法：可以求红气球和黄气球共有多少个？红气球比黄气球少多少个？黄气球比红气球多多少个？要买多少个红气球才与黄气球的数量相等（同样多）？……在短短几分钟，没有教师的提示，学生积极主动、讨论本课学习的内容，提出了有效的问题，这种交流学习方式比传统的"满堂灌""碎碎问"的方式有效得多。

第五节　绘本实验　拓展结构

一、学生的"视"界变宽了

德国教育家第斯多惠曾说过："教学艺术的本质不在于传授本领，而在于激励、唤醒和鼓舞。"在两年多的数学绘本阅读中，学生看到了许多形式多样、知识丰富的数学读物，他们在阅读中了解了很多数学家的故事，知道了很多数学书上没讲到的数学知识和学习数学的方法。学生在阅读绘本的过程中感受到了数学绘本的有趣（故事性）、有味（数学味），绘本的阅读满足了他们好奇好问的年龄特征，大大提升了他们的学习兴趣，他们不再局限于学习书上的数学知识。通过阅读数学绘本自主输入数学知识，有效改变了传统的课堂学习方式，既拓宽学生的知识面，又提升了学生的学习力。通过阅读成果的展示，"逼"学生输出阅读信息，学生在整理、创作阅读作品的过程中通过头脑思维风暴，综合运用语文、数学、美术等学科能力，促进学生抽象、概括和创新等能力的提升。

教师组织学生利用每周三午读固定的时间集体阅读数学绘本或者利用周末时间进行亲子阅读，多数学生已经养成了每天固定阅读数学绘本的习惯。我们课题组通过学校微官网报道《"数"你宅家最精彩》之绘本阅读和创意绘本两个活动，引起了一股全校师生阅读数学绘本的风潮。课题研究后期我们主要引导学生沉淀自己的阅读体会，把自己阅读的数学绘本通过阅读笔记、阅读感想、数学故事我来讲、阅读手抄报、精选趣题、创编数学绘本等丰富多彩的形式展现阅读成果，把隐性的阅读过程变得"可视化"。

二、教师的"教"式变活了

著名教育家叶圣陶先生说："教是为了不教。"这句话道出了培养学生自主学习能力的重要性。教师在和学生"共读绘本"的过程中也喜欢上了绘本中数学知识的结构化安排，低、中、高三个不同学段的教师通过阅读绘本把小学阶段很多知识点串成了结构线，他们对不同学段的知识衔接有了深入的了解，从而能更好地把握本学段的教学目标，给学生推荐相应学段的绘本也更清晰、明确。合理利用绘本使课堂教学方式更灵活，学生学习更主动、更高效。

教师采用书上的内容与绘本的部分内容相结合的方式呈现，让学生"先学"教师"后教"，这种方式适合低年段知识点简单的内容，如一上"减法的初步认识"，就可将数学绘本《汪汪的生日派对》融入其中。小学高年级的教师则把数学绘本的内容作为课后阅读延伸或在知识系统整理复习时推荐给学生，如学习"四边形的认识"，课后就可以推荐学生阅读《谁是四边王国的王子》这本数学绘本，学生通过自主阅读对小学阶段学的各种四边形之间的关系能够理解得更透彻，分析得更深刻;学生学完了三角形的所有知识点后推荐学生阅读数学绘本《奇妙的三角形》,学生通过阅读绘本把三角形的所有知识点用知识树或思维导图的形式串编起来。

三、提升的"道"路更广了

教师的发展离不开教学研究,课题研究是教师成长的有效路径。在课题研究的实践过程中,教师阅读了很多数学绘本,他们在研究中发现问题,学生学习的积极性得到了明显提高。很多教师都自觉购买相关书籍和数学绘本进行阅读,养成了阅读的习惯,也带动了学生进行数学绘本阅读。基于数学绘本阅读的研究成效显著,我校也于2020年1月份成功被确定为福建省数学学科研究的基地校。教师在课题研究这个学习共同体里从各个渠道努力锻炼和提升自己,很多教师的教学素质也得到了提升,积极参加论文撰写、案例研究、课堂研讨、送培送教、技能展示、教学比赛等活动。

经过两年多的课题研究,数学绘本实验从听说到实践,不管是教师还是学生,阅读量实现了从0本到10本再到100本的突破,受益颇丰。但是我们也发现了很多问题存在。

(1)数学绘本选取还存在一定的局限性。

(2)教师在实践方面做得较好,但在理论总结、方法提炼方面还不够系统。

(3)对于小学阶段各个模块的数学知识点如何与相应的数学绘本结合起来没有良好的策略。

(4)学生创编的绘本如何完善并在校内推广有待进一步研究。

教师培训是落实课程改革要求、提升育人质量的关键。研无止境，学海无涯！每一次的课题总结只是我们课题研究的一个逗号，相信打开了课题研究的一扇门，走出这扇门我们定能看到窗外更广阔的风景。

第五章 用"问题"培养学生的思维

本章导读：结构化教学的目的主要是引导学生深度学习，培养学生的学科核心素养，让学生在学习中内化知识，掌握技能，将对单元知识的浅层认识转化为深层认知。核心素养导向下的结构化教学是在整体观念的基础上，对教学诸要素的整体规划，目的是引导学生深度学习，启迪学生思维，让学生在思考问题的同时增长思维经验，逐步形成数学学科核心素养。

第一节　学情"精"分析
"减负"能"增效"

"双减"政策是新时期基础教育减负和提质增效的重大举措，也是教育观念大变革、教育行为大改进的重要契机。认知心理学的代表人物奥苏贝尔曾说过："影响学习最重要的因素是学生已经知道了什么，教师应根据学生的原有知识进行教学。"为深入了解学生的原有知识，教师通常要进行学情分析，学情分析从概念的内涵和外延上的差别来看，大致可以分为狭义和广义两类：狭义的学情分析是指教师在备课环节中对所教班级学生情况的概括总结，体现为教案中一个部分；广义的学情分析普遍存在于教研和教学活动中，是指教师通过对学生认知基础、能力水平、态度倾向等维度的分析与研究，设计和改进教学过程，以适应不同学生学习需求的过程。

通常情况下，大多数教师把学情分析仅用于课前，忽视课中和课后分析，我以广义的学情分析为主阐述如何从课堂结构（课前、课中、课后）进行精准分析学情，提升课堂教学质量，使课堂既能"减负"又能"增效"。

一、课前分析——融入练习促减负

学生起点是指学生学习新内容之前，在原有的知识和技能等方面的储备水平。学生学习新知前共同的潜在状态，便是教学的起点，是教师把握整体教学设计的基础。前测是课前对学生起点和预测可能性的分析，当教师不清楚学生的学习起点在哪儿时，就应该进行课前学情分析。

"认识钟表"这节课学生认知的大众起点在哪儿？课前备课研读教师教学用书时可知：一年级的学生虽然刚入校不久，但他们每天起床、吃饭、上课、下课都要按照一定的时间来进行，所以他们在生活中常常接触钟表，特别是现在电子产品的普及，很多学生都能准确认读电子钟表，可以说多数刚入学儿童已经在生活中积累了一定的认读钟表的经验。但是全班同学会认读整时钟表的具体人数是多少？如何把握"零起点教学"？为了落实"双减"政策中的"一、二年级不布置书面家庭作业"的要求，我利用课前2分钟把课本练习十九的第1题（图1）作为前测的内容，通过前测分析发现学生都能把非特殊调整时挂钟的钟面和相应的电子表面进行联系。这个前测的结果和教师用书中的"多数学生积累了一定的认读钟表的经验"一致，而"这个经验"在我任教的这个班上则精准地表现为全班学生都能认读整时挂钟钟面和整时的电子钟面，并且能把两种表示方法建立一一对应的关系。

通过以上的前测，我对本班学生的认识起点有了清晰的认识，因此在课中对于学生怎么认读整时的挂钟钟面和电子钟面就不必再花时间进行重新"教",只需从学生已经知道的经验出发,让学生把自己如何看整个时钟面的过程讲出来,再把学生已有的碎片化知识进行结构化整合——引导学生归纳整理挂钟钟面和电子钟面之间的联系。这样的课前学情分析既完成了课后练习,又明确了学生的大众起点,为接下来的教学环节节约了时间,起到了减负增效的作用。

二、课中分析——关注差异促提质

建构学习理论认为,新的学习是建构在个体已有知识的基础上的,已有知识影响新知识的建构。学生是处在社会环境中的活生生的人,个体的差异和学习资源的多样性导致学生的学习起点各有不同,每个学生的起点既有共性,又有个性,学生之间的差异及学生之间特性的地方就是学生的个性起点。因此,在课堂教学行进中教师还要及时观察学生的学习状态,对学生在课堂教学中的学情进行动态跟进分析,这就需要教师精准地关注每个学生的个体起点,通过课中学情分析分层了解学生学习思维路径和思维难点,进而适时追问与反馈,从而提升课堂教学的时效性。

在本节课的新知学习过程中,当学生能用自己的语言举例归纳整理挂钟钟面的特征(分针指向12,时针指向几,是几时)时,我随机让学生尝试做"做一做"——小宇的一天,按照要求把小宇一天的几个重要作息时间用电子表的记录方式写在方框里。在学生做题的过程中,教师可重点了解学生的个性起点,可创设宽松、民主的课堂氛围,让学生在做题过程中把遇到的问题大胆地提出来。我和学生交流中获得了和本节课的新知学习有密切关系的三个学生个性起点:一是特殊时刻(12时和6时)的钟面不能正确认读;二是对两个挂钟钟面都是9时有疑惑;三是用电子表记录整时时刻,对于两点后面的"00"表示什么不理解,如9∶00直接写9∶12。对于前两个个性起点的分析,是由于这些学生属于"零起点"的学生,因此我当场让他们提出自己的疑问,然后让已经懂的学生进行回答,由于这两个问题涉及的都是事实性知识,只要结合挂钟钟面模型和生活实际进行解释分析,这些学生都能马上理解;而第三个性特点属于学生对整时挂钟钟面和整时电子钟之间的本质联系不理解而导致的错误,这让我想起前测和例题中都是让学生把这两种表示时间进行连线,所以学生没有出现这种错误,因此并不排除写对的同学中有的是"依样画葫芦",即同样是不理解的。于是我马上调整教学步骤,回到刚才的例题,提出问题:电子表是怎样记录整时的?看电子表上的时间你能想象出时针指向几,分针指向几吗?通过这样的逆向分析,学生把电子表这种抽象时刻再次转换成有时针和分针的具象钟面,使学生借助对钟面直观想象的方式理解分针指向12是表示开始的意思,所以用"00"表示,真正使学生达到了"知其然"还"知其所以然"。

学习是一个不断变化发展的过程,真正的学情源自课堂中最有效的学情分析,以上课中对学生学习状态的实时分析为学生学习过程的差异生成提供了广阔的空间,教师密切关注学生的学习动态,准确了解学生学习过程的个性差异,把个性起点融入大众起点,追踪课中学生学习动态进行精准教学,确实提高了课堂教学质量。

三、课后分析——多维评价促发展

课后学情分析是指学生经历过课中新知学习之后,教师对学生学习效果进行及时反馈的分析。学生通过前面的"共学",一定对新知有了更加全面深刻的认识和思考,课后学情分析可以从学生完成书上练习的

因循结构　培育素养
——小学数学"结构化"教学的探索

质量看出学生的接受能力和课堂学习的效果，也可以从学生的操作能力和表达水平看出学生的学习态度和学习习惯，这些都是学情分析的宝贵资源，对于教师确定学生再学习的起点具有至关重要的作用。

本节课我将学生课后的练习反馈情况作为学情分析的重要依据之一。由于是一年级的学生，课后练习要在课堂上及时完成，我通过对题目进行精选，选择对练习十九第8题学生的完成情况进行课后学情分析。因为第8题是一道综合性的题目，学生需要在观察前面几个钟面的基础上发现规律，然后根据规律确定最后一个钟面的规律，最后在书上把自己的思考记录下来。本题学生的完成情况主要有以下四种表征形式：

（1）知道画图又能结合文字表述。

（2）只知道把最后一个钟面的时间画出来。

（3）知道把文字的内容填出来。

（4）不会表示或表示错误的。

通过对以上四种学生反馈形式的分析，我把（1）~（3）都归为课堂学习效果好的情况，但是从学生学习态度和习惯来分析，（2）（3）是属于学习习惯不够好的同学的情况。原因是此题文字较多，能否正确理解题目要求涉及学生识字量多少和会不会独立认真审题及是否敢于提出自己的疑惑等学习习惯和学习态度的问题。通过分析发现要准确完整完成这道题，不只是掌握本节课的知识技能就可以了，还涉及非知识技能方面的学情因素。所以我在讲评时关注学生完成的过程评价，不是简单地评价学生的完成结果，而是让完成情况表现为（2）（3）（4）的同学分析自己的完成情况，及时进行补充、完善，以培养学生良好的学习习惯为抓手，让学生在学会的基础上又能正确完整地呈现自己的学习结果。

以上课后学情分析，我以学生完成习题的质量为依据，因"生"而评，从学生的学习习惯和学习态度进行分析，多维度进行激励评价——凸显评价的增值性，让不同层次的学生都能获得学习上的成功体验，促进每个学生都在原来的基础上得到不同程度的发展。

总之，学情分析的目的是指导教学，因此教师要把学情分析贯穿于课前教学设计、课中教学实施、课后教学评价的全过程，进行精准施教，促进课堂教学质量的提升，力求真正做到减负增效。

因循结构　培育素养
——小学数学"结构化"教学的探索

第二节　"数""感"并举　"悟""用"合一

《数学课标（2022年版）》关于"数感"的表述是："数感主要是指对于数与数量、数量关系及运算结果的直观感悟……数感是形成抽象能力的经验基础。建立数感有助于理解数的意义和数量关系，初步感受数学表达的简洁与精确，增强好奇心，培养学习数学的兴趣。"前一句说明了数感的内涵，后两句侧重于数感的作用，说明数感是一种自觉的联系量，主动地基于数学或现实的问题情境，解释数和应用数的意识与能力。

一、从"数"到"感"——形象感知

"数感"的第一层意思是"感"，它含有原始的、经验性的成分，不会像知识、技能的习得那样立竿见影，需要学生在教师的教学中迁移、积累经验，经历一个逐步建立、发展的过程。

1. 逐步抽象，"数"出数感

华罗庚说："数无形时少直观，形无数时难入微。"在教学认识

"数与数量"时，教师可借助物化策略让学生找到感知的载体，从而有效地培养学生的数感。以"10以内数的认识"的教学为例。学生在入学之前大都会从1"念"到10，但仅仅是"念数"而不是"数数"。教师如果没有让学生结合具体的实物进行数数，那么学生的数数就会变成"小和尚念经，有口无心"。这样纯粹地数数，学生就很容易厌烦。这时候，教师可为学生提供具体的事物，让学生把数和实物对应起来。教师可从以下两个层次进行教学。其一，让学生借助具体的物体数数。教师应引导学生明白数的具体含义，让学生从视觉上感受被数物体与数的一一对应。其二，脱离具体的事物建立数的概念。也就是当数1到10时，学生能在头脑中想象出与数相对应的物品的数量、形状。这样的数数活动让学生有形可看、有物可想，将抽象的数和数量以及二者相互之间的关系物化为具体、可感知的实物或图形，使其数感的形成有了依托，从而提升数感。

2. 纵横对比，"想"出数感

通常情况下，我们想象数量比较少的东西时容易在头脑中留下深刻的印象，如10个人、10个苹果，这样的小数量是很容易建立概念的。但是，当数字越来越大时，如100个人、1000个人、10000个人，学生就不容易把握了，他们头脑中无法建立相对应的联系。为什么会出现这样的情况？原因就是教师无法提供那么多的实物，导致学生长期得不到视觉上的感知，对大数的感悟缺乏具体的依托，也就缺乏相应的数感。怎样规避这个问题呢？我认为，让学生充分地"纵向想象"和"横向想象"是建立大数数感的一个很好的方法。首先，引导学生借助旧知识进行纵向想象。例如，教学"100以内数的认识"时，教师就可借助"10以内数的认识"，让学生通过小数量想象大数量。教师可先让10个学生整齐地站在讲台，让全班学生看看10个学生是这么多，接着让学生想象100个人站在一起的情景，凭借这样的想象建立100以内数的观念。同样的道理，教学"千以内或万以内数的认识"时，教师可以引导学生凭借已有的数的观念扩大化地纵向想象，以建立较大数的观念。其次，引导学生进行横向对比想象。教师可引导学生对数量相同但大小差别比较大的物品进行对比。例如，教师可先引导学生在大脑中比较100个人与100根小棒、100颗花生、100粒米的大小后，再引导学生拿100个人与100辆汽车、100间教室、100个养鸡场的大小比较。这样横向对比式的感官训练，也是帮助学生建立较大数的观念的有效方法。

二、从"触"到"悟"——动手操作

数感的第二层意思是"悟"，它离不开实践，离不开亲自去做、经历、体会。学生充分的动手操作，可强化感知和思维，有助于数感经验的积累，是培养数感的有效方法。

1. 活动体验，"掂"出数感

比如，在认识质量单位克、千克时，教学重点是让学生在掂一掂、摸一摸、比一比的过程中建立1克、1千克的概念。对学生而言，它们是比较难感知的量。1千克概念的建立既要让学生看得见（有具体的量可看），还要摸得着（有具体的物品可掂）。因此，在具体的教学过程中，教师可引导学生经历"感知—对比—矫正"的多次循环反复过程，让学生通过多次触觉感知，发展数感。当学生看到两包各500克的食盐时，教师可先引导他们根据观感想象它们的质量。当然，这个过程很多学生都是在猜想（估计），但不管怎样都为接下来的触感提供载体。教师应引导学生亲自掂掂两包食盐的质量，并与之前的估计相对比，是估多了还是估少了。接着,教师还要让学生感知500克、1500克、2千克等食盐的重量。当学生对1千克初步有所感知时,教师再出示不同的物品让学生感知、对比、判断,如几个梨子(苹果)的质量大约是1千克。通过看、掂、比,学生对多少个大点或小点的梨子可能重1千克的表象由模糊变得清晰。为了让学生获得有效的感知经验,教师还可引导学生做很多动手操作的体验活动,如掂掂书本、提提书包、背同学等,让学生自己感知比1千克轻或比1千克重的物品的质量。学生通过对比矫正,就能获得关于千克的较为准确的体验。

2. 反复比画,"量"出数感

数感是一种抽象的认知体验。它的建立不仅需要物化还需要量化,特别是长度、面积、角的度量等。学生看到"有形的"东西,并不意味着他能获得清晰的表象。因此,在认识这些计量单位时,教师应让学生动手量一量、比一比,借助触觉这个外显的行为进行强化。学生在熟悉单个量的基础上再对比联系,从而内化为自己的体验感知。以教学"认识1米"为例,当教师出示一把1米长的米尺,或画一条1米长的线段时,1米的表象在学生的头脑中是模糊的、大约那样长的一条线。为了让学生建立清晰的1米的表象,教师可采取如下三个层次的教学。其一,引导学生利用双手比画出1米的长。其二,利用量化策略让学生找出生活中具体事物的长度,如一张双人课桌长约1米等。其三,应用类推建立几米的表象,如一座5层的教学楼的高大约15米,教学楼旁边的树高大约12米,操场跑道大约有200米等。这样通过比画、量化、类推等活动,学生逐步丰富了数感。

三、从"估"到"用"——内化提升

数感和估算有着千丝万缕的关系，它们相辅相成，学生数感的培养离不开估算的训练。《数学课标（2022年版）》在第二学段教学提示中指出："估算教学要引导学生在具体的问题情境中选择合适的单位进行估算，体会估算在解决实际问题中的作用，了解估算的实际意义。"因此，教师应加强估算教学，要让学生体会到估算的重要性，在"估""用"中发展学生的估算能力，进而培养学生良好的数感。

1. 先估后做，"算"出数感

在教学计算时，教师可先让学生估一估，确定得数的范围，再引导学生将估值与准确得数对比。长期进行这样的训练，在提高计算准确性的同时，学生的数感也得到了提升。例如，计算204×18时，教师可先让学生说说积一共有几位，接着让学生估一估得数（学生可能估为3600、4000、4080等），并说说估的过程和理由，最后再让学生算出准确答案，对比估值与准确得数的差距，从而选择较好的估算方法。当然，并不是学生估得越准确越好，关键是要让学生根据实际情况选择估算方法，经历估算过程的观察、分析、猜测、判断、思考、解释等环节，从而提升数感。

2. 联系实际，"用"出数感

数感的培养离不开生活。教学中，教师应让学生解决实际问题，让学生在"用数学"的过程中培养数感。教师可引导学生运用估量解决实际问题。例如，学习了"米、厘米"等长度单位后，教师可设计一节活动课，让学生利用身上的"尺子"度量教室中一些常见物体的长度。例如，学生可利用指甲的"宽"量橡皮擦的长、粉笔的长等；利用"拃"

量课本的长、宽，课桌的长、宽、高等；利用"庹"量黑板的长、宽，门窗的高等；利用脚步测教室的长和宽……这一系列的估量活动，让学生充分意识到数学与生活的密切联系，在应用知识的过程中丰富数感。另外，教师可以让学生解决不封闭的问题。所谓不封闭的问题即已知条件具有一定的开放性，学生解决问题需要用上合情推理。总之，数感是学生数学素养的重要组成部分，教师只有做到心中有"数感"，教中有"策略"，行中有"保证"，循序渐进、坚持不懈地培养，才能促进学生数感的提升。

第三节　立足课堂　培养思维

数学是一门哲理性较强的学科，要求学生要有严密的思维能力，而思维能力是学生各种能力的核心。如何培养学生的思维能力，一直是课堂教学研究中值得关注的问题。下面我就如何培养学生的思维能力，谈谈自己的看法。

一、营造宽松的学习环境，激发学生的积极思维

美国教育家罗杰斯说过："成功的教学依赖于一种真诚的理解和信任的师生关系，依赖于一种和谐安全的课堂氛围。"教师要转变自己的教育观念，树立以人为本的教育理念，营造一个人性化的学习氛围，为激发学生的思维提供一个适宜的环境。在课堂教学中，师生关系的融洽能有效地激发学生的思维与求知欲。由于学生的思维与表达有差异，要允许思维慢的学生有更多思考的空间，允许表达不清晰、不流畅的学生有重复和改过的时间，更重要的是允许学生有失误和纠正失误的机会，这样有利于提高学生思维的积极性。如果学生一时语塞或南辕北辙，教

师要因势利导，否则就会挫伤学生的自尊心和自信心，阻碍学生的思维发展，使学生不敢想、不敢说，更不敢问。因此，教师应尽力避免引起学生害怕的心理压力。即便回答有错误，也能得到教师的指点和鼓励。例如，在数学活动课中，由学生叙述自己发现、思考问题所得出的结论时，教师绝不能表示出不耐烦的情绪，应该耐心倾听，并给予肯定或引导。一句"说得不错""还可以怎样说"等使他们增强了信心，点燃了积极思维的火花。在这种民主、平等、宽松、和谐的学习环境中，学生拥有自己主动探究的心态，思维更为活跃。罗森塔尔效应证明，教师对学生的认识和态度对学生的思维产生深刻的影响。

二、注重动手操作实践，启发学生的形象思维

操作是培养学生形象思维的源泉。小学生思维发展的特点是直观形象思维为主，逐步向抽象思维过渡，若没有足够的感性认识，任何抽象思维都"寸步难行"。因此，在教学中，教师应组织学生动手实践，调动学生的多种感官。在教学"三角形面积的计算"时，我让学生拿出事先准备好的两个完全一样的锐角、直角、钝角三角形，让他们动手拼一拼，通过旋转、平移，拼成我们学过的平行四边形，然后引导学生观察、比较每个三角形面积与拼成的平行四边形的关系，从而得出结论：三角形的面积等于所拼成平行四边形面积的一半。导出公式：$S=ab \div 2$。这样，在课堂上有针对性地指导学生借助学具动手操作，可以把枯燥的数学计算变为具体的实物操作，从而使学生对所学知识由感性认识上升到理性认识，最终体会到掌握新知的快乐。

三、利用新旧知识的迁移，提高学生的抽象思维

由于数学是一门逻辑性、系统性很强的学科，知识之间都是由易到难的迁移过程。例如，我在教学"三角形的面积"时，让学生把一个平行四边形按对角线分成两个三角形，学生根据已有的数学事实和数学活动经验很快意识到：可以把求三角形的面积迁移到平行四边形的面积上来。学生主动建立了"三角形面积"的相关概念，同时形成了一定的数学思想，得到了三角形面积的解答方法。学生经历了一个认识事物的过程，所以教学"梯形的面积"时，学生很容易意识到：可以把两个完全一样的梯形拼成一个平行四边形。由求"平行四边形的面积"的方法迁移到求"梯形的面积"的方法，这样，"三角形的面积"与"梯形的面积"的解答方法，很自然地在学生的知识结构中得到建立，学生思维能力得到提高，学生的思维也由抽象向具体转化。

四、重视学生的质疑习惯，诱发学生的创新思维

古人云："学起于思，思源于疑。"疑是学习的开始，有疑问才会去探索。学生的思维往往是从疑问开始的。爱因斯坦说过："提出一个问题，往往比解决一个问题更为重要。"在小学数学教学中，要培养学生逐步形成敢于打破框框，勇于另辟蹊径的学习习惯，培养学生的质疑的习惯，是诱发学生思维能力的关键。例如，在教学乘法估算时，学生对一道题目：31×48看作30×50进行估算，提出了自己的疑问，他认为把48看作50，31×50也可以口算，为什么一定要把两个数都看作整十数呢？一石激起千层浪，有的赞成，有的则说"48看作50，看大了2，你就增加了2个31；如把31看作30，就看小了1，积就减少1个48，这样估算的结果就比较接近精确值，口算也更方便了。"学生在质疑中懂得了估算

只要满足要求就行了。让学生质疑，既满足了学生的好奇心与求知欲，使学生逐步养成了质疑的习惯，又使学生的思维能力得到提升。所以，教师应该抓住学生的优点和长处，充分肯定，不断强化，使学生的思维逐步形成燎原之势。

五、强化解题思路训练，培养学生的发散思维

思维能力是智力的核心。我们要注意教给学生思维方法，训练并加速学生的思维流程，以提高学生的思维能力。结合解决实际问题的解题思路训练，引导学生综合分析、多角度思考，鼓励学生解决问题策略的多样化，通过一题多解、一题多变，达到举一反三的功效。培养学生的发散思维，可以从以下两个方面加以引导。

1. 开拓学生的思路，培养学生的发散思维能力

例如，提出一个问题：把3个饼平均分给4个孩子，每个孩子分得多少块？让学生联想到可以有几种分法。为什么两种分法都可以，它的意义是什么？这样训练可以使学生的思路广阔流畅。

2. 启发学生从不同角度考虑问题

一道题有多种解法，在多种解法中要选出最快的最好的解法。经常进行此类训练，有利于沟通知识之间的联系，引导学生开阔思维空间，发展学生解题时思维的敏捷性和创造性。

总之，学生的思维能力需要有一个长期的培养和训练过程。在小学数学教学中，教师可采用多种多样的方法、手段，为学生提供一个拓展思维能力的平台，从而更好地提高学生的数学素养。

第四节　关注问题　提升思维

关注儿童的"问题"

　　创新是一个民族进步的灵魂，是一个国家兴旺发达的不竭动力，人类所有的创新和进步，几乎都源于好奇心。好奇心就是创造力，是孩子一生最宝贵的财富。孩子的好奇心与生俱来，他们的头脑里装着十万个为什么，他们对眼前发生的事都要问问"为什么"，其实这种好问的精神正是打开知识大门的钥匙，也是创新人才所必须具备的，正所谓"一切伟大的发现，都是基于提出问题"。

　　但是，天真可爱的孩子跨入校门，随着年龄的增长，"问题"越来越少了，著名教育家尼尔波·斯特曼做了一个非常形象的比喻，他说："孩子们入学时像个问号，毕业时像个句号。"其实对于刚入学的儿童"问题"变少的原因主要有三个方面：一是不敢问，二是不会问，三是没有时间问。如何保护儿童的好奇、好问的天性，让他们头脑中的"问号"不要流失得那么严重，在平常的教学中，教师可以试着从以下三个方面做出改变。

一、从关注"回答"到欣赏"提问",鼓励学生"敢问"

教育家苏霍姆林斯基曾说:"孩子提出的问题越多,那么他在童年早期认识周围的东西也就愈多,在学校中越聪明,眼睛愈明,记忆力愈敏锐。要培养孩子的智力,那你就得教给他思考。"儿童从幼儿园到小学,学习环境、学习方式有了很大的改变,特别是刚入学时课堂纪律及课堂学习习惯发生了转变,多数学生遵守课堂纪律,积极举手回答问题但却不敢随意发言,更不敢质疑问题、提出问题,因此学生发现了问题,不敢提出来的现象很普遍。从学生心理角度分析,有的是怕出错被人耻笑,有的是怕挨老师的批评,因此他们宁可把问题放在头脑里,久而久之,就不敢提问题了。爱因斯坦说:提出一个问题比解决一个问题更重要。因此对于刚入学的儿童最重要的是培养他们发现问题和提出问题的能力,而这本就是他们的天性。作为教育者,我们一定要爱护和满足孩子的好奇心,鼓励孩子多提问题,并强化这种好奇心,使他们逐步养成敢问、善问的思维品质。

首先,创造民主、自由的师生关系,把微笑带进课堂,用真诚的微笑、和蔼的语气、饱满的精神、良好的情绪,加强师生间的情感交流,使学生先"亲其师",再问其"题"。其次,营造平等、和谐的学习氛围,使学生勇于发问。教学伊始,教师要向学生阐述自己的观点——提问不分对错,敢于提问就要表扬!因为每一个同学的提问都是有价值的,其价值就是思考,要让每个敢于提问的学生不因提问错误而感到失落。最后,教师必须有一颗宽容、博爱的心,要像爱迪生的母亲宽容爱迪生一样,不随意否定孩子的想法,不轻易否定学生的任何一个问题,甚至是低级幼稚的问题，善于挖掘其问题中的闪光点和可贵之处，保护学生的自尊心和积极性，并制止学生间的冷嘲热讽行为，对于一些提出不合常理、稀奇古怪、异想天开的问题的学生，更应保护其提出问题的积极性，对其合理部分要给予肯定的评价。除了在言语上、行为上鼓励和支持儿童创新思维的热情，教师还要敢于"不耻下问"，让新入学儿童继续展开想象的翅膀，勇敢地问出他们自己的"新问题"。

二、从关注"结果"到欣赏"过程"，引导学生"会问"

费谢尔的理论强调：具有问题意识的儿童不只关心结果，更关心获得知识的过程。在积极的思维、探索过程中，零星的知识变得系统有序，原有的知识结构变得更为完善、合理，这就提高了他们建构知识的能力，为今后的知识撷取创造了有利条件。

在学生敢于提问之后，我们就会面临着一个新的问题：那就是学生提的问题多了，有的不能马上解决，有的漫无边际，有的没有学科性，有的甚至是毫无价值。因此当学生有了敢问的勇气后，我们应该提高学生问的能力——什么时候问？问什么？怎么问？儿童心理学研究表明：提问是由个体与环境共同决定的，也就是说，只有那些得到环境支持的提问才会使思维发展到高一级水平。因此不同学科的教师可以根据学科教学内容培养学生提问的能力。

比如，在学习"3的倍数的特征"这节课时，教师可以结合课题进行提问。例如，"看到这个问题你想到了什么？"从而引导学生围绕"3的倍数的特征"这个知识点进行横向联系提出以下几个问题：3的倍数的特征和2、5的倍数的特征一样吗？怎么研究3的倍数的特征？研究的方法和2、5的倍数的特征一样吗？研究3的倍数的特征有什么用？

不能仅仅停留在只提"3的倍数有什么特征？"这种直接指向结果的问题。

以上这些问题的提出调用了学生的已有学习经验进行联想、对比，同时指向了研究的过程与方法，丰富了学生提问的问题内涵，这些问题解决了这节课的知识，学生也理清楚了。除了课始提问，还可以课中提问，就是随着新知的探究过程中发现的问题也可以及时地"问"出来。比如，学生在探究"数与形"这节知识时，当学生发现："从1开始连续几个奇数的和等于几的平方"这个结论时，教师可以引导学生对前面所研究的过程进行回顾，让学生把算式中的每一个加数和正方形中的每一个"⌐"字形对应起来看，从而进行纵向联系，拓宽问题的深度，引出困惑：为什么要从1开始？不从1开始可以吗？不从1开始可以怎么求？中间少了一个加数应该怎么求？这些结合探究过程从不同角度思考引发的发散性问题的提出，不仅解决了学生头脑中的"是什么"和"为什么"，而且在讨论中解决了"怎么办"。当然这节课课末也可以让学生提出一些拓展延伸的问题，如"从2开始连续偶数的和等于什么？有没有类似这样的特征？"这样的猜想性的问题。

具有问题意识的学生常常会问自己"是什么""为什么""怎么办"，为解决这些问题，他们会启动思维，搜寻头脑中的原有知识，对其重新分析、理解，从而对知识的掌握更为深刻。所以引导学生会根据知识点之间的结构联系进行提问显得尤其重要。

三、从"口头提问"到"书写记录"，提倡学生"都问"

心理学研究表明，12岁之前是孩子求知欲最旺盛的阶段，在这段求

因循结构　培育素养
——小学数学"结构化"教学的探索

知的黄金时间，孩子的每一个为什么都应该被认真对待，这对于丰富孩子的精神生活，使孩子增长知识，培养科学素质，锻炼思维能力，都有着十分重要的作用。

当孩子敢提问题，会提问题后，一节课的时间往往没办法完全处理孩子提的各种各样问题，而且有的问题是学生之间就可以解决的。为了铺开学生提问的面，同时让每个同学提出的问题都得到青睐，让学生的提问激情延续，我们可以采用丰富多样的提问方式，使每个学生的问题都得到重视。比如，开学初可以让每个学生准备一本"问题集"，专门记录没时间在课堂上口头提出的问题，让学生定期把自己的问题在小组内进行交流讨论，然后把小组讨论还不能解决的问题进行归类、整合，贴到班级的"问题板"，最后让能解决问题的小组或个人在班级进行讲解，展示解决问题的过程。这种处理方式能够让那些提出问题没有得到现场分析的学生也都有展示自己"问题"的机会，通过小组讨论交流，他们也明白并不是所有的问题都需要找教师解决，有些问题通过自己的努力或者同学的帮助也能解决。这能显著提高学生提出问题的数量与质量，又培养了学生解决问题的能力。

儿童的认识好比一个圆，这个圆由问号组成，问号越多，则圆周越长，圆面积越大，意味着儿童的认识越多。因此平时教学中如果教师抓住"提出问题"这个牛鼻子，潜移默化地转变自己的教学思想，课堂上少点"讲授"，给学生多点"提问"，就能造就一大批爱思考、善提问、会创新的新时代人才。

让"阅读"与"问题"同生长

数学阅读是通过阅读书面数学语言，进而获得数学意义的一系列心理与思维活动的过程。通常是指围绕数学问题或数学资料，以数学思维为基础，从数学的角度出发，用数学的观点和方法，去理解、获取数学知识和感受数学文化的学习活动。数学教科书是诸多专家在充分考虑学生生理心理特征、根据教育教学原理、围绕数学学科特点等因素精心编写而成的，具有极高的阅读价值。问题是数学的心脏，学生学习数学的过程就是一个从发现问题到解决问题的过程。那么常态课堂教学中数学阅读读什么、怎么读，我以"用字母表示数"一课为例谈谈自己的教学实践。

一、快读课题——疑因"读"而生

数学阅读是数学学习的一种有效策略，是数学学习的元认知活动。课题通常是一节课学习内容的浓缩和高度概括，著名教育家邱学华先生曾说过：数学课堂教学应以点激发，以问激发，让学生抓住课堂的"眼"。而课题就是学习内容的重要的"眼"。为了增强学生阅读数学材料的精准性，迅速提取学生的直觉思维，先让学生"速读"课题，直接提出头脑中"闪现"的问题，而这种快速浏览课题后提出的问题往往是学生在元认知状态下提出的问题，具有较强的指向性，通常是学生实实在在的"疑惑点"。

以人教版五年级上册"用字母表示数"一课教学为例，课始让学生齐读"用字母表示数"的课题后，教师问："看到这个课题，你想到了哪些问题？"善于思考的学生随即提出了如下的问题：

(1) 我们一般用数字来表示数，为什么还要学习用字母表示数？

(2) 用字母表示数有什么好处？

(3) 用字母表示数要注意什么？

事实证明学生潜意识中提出的这些问题其实就是这节课学习的主要目标，问题（1）体现了核心目标中知识能力目标之一的"在现实情境中理解含有字母的式子所表示的含义"，问题（2）体现了过程目标中的"感受用字母表示数的优越性"，问题（3）体现了情感目标中的"能根据实际情况确定字母的取值范围"。这样通过一读课题即提问题的导读方式，指导学生体味课题的内涵，从学生的角度出发过滤筛选出与本课学习内容有关的"问题串"，然后让学生带着这些问题阅读书上的例题。学生在自己提的问题的驱动下有目的地去阅读、去思考、去表达，积极寻求问题的答案，主动探究知识的形成。这种读完课题马上提出疑问的方式学生往往能够提纲挈领地抓住教材的核心内容，对后续新知的学习能起到事半功倍的作用。

二、问题引领——"读"因问而深

数学阅读，特别是其中的数学符号的阅读是一个特殊的数学理解过程。学生在自主阅读例题的过程中，对例题的内容有所了解，但多数是一知半解，此时教师在教学时应该发挥承前启后的作用。所谓承前启后，是指了解学生已经阅读的情况，指导学生的后续阅读，如果说学生的自主阅读是"泛读",那么教师的问题引领就是"精读"。为了提升学生对文本的深层理解,促进深度思考,在知识的重点、难点处设置问题,引导学生阅读时要读深、读透,从看得见、说得出这种有文有图的显性阅读逐步过渡到想得深、悟得透的深度阅读方向发展。

比如,"用字母表示数"例题1中呈现父女俩的对话情境。

小红的年龄/岁	爸爸的年龄/岁
1	1+30=31
2	2+30=32
3	3+30=33
……	……

图5-4-1

学生自主阅读例题后,教师提出问题:从小红和爸爸的对话中,你知道了什么?这个问题全班学生都能从爸爸说的这句话"我比小红大30岁"提取有效的信息并转化成自己的语言,用"我知道了爸爸比小红大30岁"来回答,另有部分学生提出从小红说的"我1岁时,爸爸31岁"这句话也可以获得"爸爸比小红大30岁"的信息。教师追问:"从小红说的这句话你是怎么知道爸爸比小红大30岁的?"这时通过师生的讨论交流,全班学生都明白"用爸爸的31岁减去小红的1岁"就知道了

因循结构 培育素养
——小学数学"结构化"教学的探索

爸爸比小红大30岁,并且获得了"年龄差是始终保持不变的"这个关键性信息,因此不管小红几岁了,要求爸爸的年龄都可以用小红的年龄+30来计算。可见学生自主阅读后都能知道要求爸爸的年龄可以用小红的年龄加30岁来解决,但是他们自主阅读时对于用含有字母的式子即"$a+30$"来表示领悟不够。于是我用两个问题引领他们深入思考,还原知识的形成过程。问题1:"小红说的这句话后面有一个省略号,这个省略号你读懂了吗?"我引导学生继续阅读,"请你接着小红的话往下说"。在我的提示下,学生又把省略号的内容用"当我2岁时,爸爸32岁;当我3岁时,爸爸33岁;当我4岁时,爸爸34岁……"这种延续表述的形式把省略号后面的内容补充出来。而右边这个表格呈现的内容就是刚才的文字语言的简洁概括呈现。问题2:表格中又出现了两个省略号,你知道省略号省略的内容吗?在这样的问题引领下,学生马上从表面的阅读(从表格上看得到的内容)转入深层次的思考(用表格能够直观、逐一表示出小红和爸爸相应的年龄关系,但是又显得太麻烦了)。于是"你能用一个式子表示出任何一年爸爸的年龄吗?"这个问题适时呈现,学生结合以前的知识经验,他们就能够顺畅地理解文字"爸爸的年龄=小红的年龄+30"用"爸爸的年龄=$a+30$"来表示的概括性及简洁性。

以上指导学生读透文本对话中的关键在于找到具有生发性与整合性的问题,以问题切入重点,以问题来引导和推动学生的思考。这样通过读文字、想问题、说思路的形式把例题中隐藏的信息显性地表述出来。学生学会根据问题选择阅读信息,并在师生、生生交流中不断完善自己的观点,提升说理的能力。这样的问题导读通过把文字语言、表格语言与符号语言进行纵横沟通,使学生经历了从模糊到清晰、从抽象到直观、从复杂到简单的过程，发展了学生的思维，又提升了学生深度阅读文本的能力。

三、读思结合——惑因"读"而解

学会数学阅读，就要读懂数学语言，因此在引导学生阅读例题时更需要强调学生勤思多想，对每一个字词、符号与图形的含义及它们之间的关系都要深入阅读、用心思考。在阅读例题的过程中教师要经常鼓励学生要把问题意识贯穿在整个阅读当中，在阅读教材时提出自己的疑惑、碰到的困难、自己的发现等。为了让每一个学生都能有深层次的阅读体验，养成"边阅读、边思考、边提问、边总结"的习惯，要求让学生做到始于例题，又能跳出例题思考。

比如，学生自主阅读"用字母表示数"例题2时，就有两个学生在阅读中提出了自己的疑问，生1提出的问题是：世界上力气最大的人是谁？他能举起多重的物体？生2受到启发进而提出问题：$6x$中的x有没有受到限制，最大范围是多少？对于第一次正式研究用字母表示数的学生来说，"由确定的数到不确定的数"这一发展变化，是他们认知上的一个跨越。而这个问题一经提出，在讨论取值范围时教师很自然地渗透了本节课的难点。教师可根据例题内容适当扩展联系实际的素材，提供"世界上最长寿的人"和"世界上力气最大的人"等小资料供学生阅读。学生在阅读中提取有效信息，从而领悟了"$a+30$"和"$6x$"中"a"和"x"的取值范围。我在说明字母取值范围时适当渗透函数的定义域思想，这样通过阅读小资料使得学生用数学的眼光观察现实世界，让学生直观认识到，式子中的字母可以表示哪些数，这些数常常有一定的范围，且这个范围要因情境而异，具体问题具体分析，从而培养学生的数学应用意识。

　　因此，培养学生自主进行例题的阅读是提高学生综合素养的有效途径，教师应预留充足的时间让学生去自主阅读、主动探究、尝试说理，密切关注学生的阅读进程，在关键处点拨、设疑、用问题引领学生的阅读，让问题因阅读而发生，使阅读因问题而深入，"阅读"与"问题"相辅相成，从而触发学生的阅读指向深度思考。

第五节　关注学生　助力思维

解决问题三步骤教学

一、问题提出

人教版"解决问题"的教学思路一般按照解决问题的三个步骤有序进行。行程问题是学生第一次接触，也出现在用方程解的题目中，所以我就琢磨着怎么来上这样的新授课。思考之后，我觉得还是把复杂的事情简单化就好，于是，我按照解决问题的三步骤开展教学，可以把第一个环节上得充实饱满一点儿，让学生在"阅读与理解"环节就把行程问题弄明白、透彻。

课堂学习例题5。首先我根据前面4个例题的学习情况，明确学生对于用方程解决问题掌握得较好，也在解决问题中慢慢感受到了用方程解决问题的优势。然后我放手让学生先自读题目，理解题意，再来讨论分析遇到的疑惑的地方。预计给学生大约5分钟的自读时间，再进行汇报。

因循结构　培育素养
——小学数学"结构化"教学的探索

汇报开始，我问："通过阅读题目，你理解了什么？或者说从阅读题目中你读懂了哪些信息？"于是学生开始举手汇报，平时举手的几个人没举手，反而其他几个中等生举手了，我特意叫了两个后进生回答，"说一说，你读懂了哪些信息"。

生1："我知道了小林的速度是每分钟骑250米，小云的速度是200米。"

生2："我知道小林和小云家的距离是4.5千米，还有他们是9点出发。"看来这两名学生只是从文字表面上来提取信息，而且生1没有把所有的信息都说完整。顺势利导，我提问：根据生1、生2获取的信息能解决这道题吗？学生立马说"不行"。于是，我说："那谁会用自己的语言表述一下从题目中你获得的信息？"这时平常积极发言的同学举手了，教师选一个经常发言的学生回答问题。他一口气把题目中的信息转换成自己的语言表述出来。

生3："我知道了小林和小云骑车的速度，还知道她们骑行的路程及出发的时间，问题要求他们什么时候相遇。"我立刻引导问题："要求他们什么时候相遇，也就是求他们相遇的时间。"分析到此，学生中还有一部分人举手有话要说。

生4："我要提醒大家这里速度是用米做单位，而路程是用千米作单位，所以计算时一定要先把单位化成一样才行。"分析到现在，学生感觉可以解题了，当然对于部分学优生读完题稍做分析应该就能正确解题了。但是，这是新授课，我需要考虑到全体学生都能理解才行。我说："刚才同学们分析得都很有条理，老师发现同学们说的信息都是题目中直接可以找到的，现在大家再认真阅读一下题目，你还能挖掘出哪些隐藏的信息？"这时，学生再细心地阅读题目。又有学生发言了。

生5："我发现小林的速度比小云快。"结果下面的学生立即嗤之以鼻"这个还用说"。但是生5接着说，"所以我们在画线段图时小林走的路程多一些。"于是全班同学都安静了。

通过以上环节的讨论：学生明白了在"阅读与理解"环节首先要阅读已有哪些信息以及明确这些信息可以从哪几个渠道获取（文字表征、图形表征、符号表征、对话提示）等，从而全面获取已知信息。其次要让学生理解这些信息和已有问题的关系，哪些信息有直接关系，哪些信息有间接关系（提取有效信息），哪些是没有关系的（排除多余信息）。

二、问题分析

在"分析与解答"环节，我先让学生根据刚才所获取的信息分析与问题之间的关系是什么？用什么方法解答？思考的依据是什么？

求相遇时间的问题在数学中称为"相遇问题"。所以在分析环节我让学生抓住两个物体相向运动的"四要素"，即出发地点、出发时间、运动方向、运动结果，并用直观方式理解相向而行的意思（学生两手握拳，张开两臂模拟两人同时出发相向而行至相遇的过程，先说说左手表示谁、右手表示谁，即出发地；再说说怎么表示同时即出发时间、向哪里移动、即运动方向；最后说说在哪里相遇，即运动结果）。学生在模拟过程中细致、认真，而且兴趣浓厚，这种模拟体验使学生在操作中自行构造了"相向而行"的概念。在模拟的过程中个别学生还提出温馨提示（即代表小林的这一只手要走得快一点儿，他们相遇的地点不是中间，而是中间靠小云这边一点儿），于是我让一个学生上台演示，其他学生猜猜他每一个动作表达的意思，然后就让学生把刚才的演示过程用线段图表示出来。有了前面的分析和直观演示，学生在画线段图时就顺畅多了，在学生自主画完线段图的基础上讨论如何把已知信息和问题在图上完整地展现出来。

三、问题解决

基于以上的综合分析，学生自然就明白了问题"两人何时相遇？"的意思，两人相遇时所走的路程就是他们两家的距离。如何用方程解答呢？学生有了前面列方程的基础，他们很快写出"设两人x分钟后相遇"，两人所走的路程就是"小云走的路程和小林走的路程"根据路程=速度×时间，很快地列出正确的方程"$0.25x+0.2x=4.5$"，个别学生根据变式列出的方程，教师同样要给予肯定。个别学生列出方程"$(0.25+0.2)x=4.5$"可让学生用乘法分配律解释，也可以向学生说明0.25+0.2表示两人每分钟共行的路程。所以这个环节我注重让学生明白答题的注意事项及格式问题，尤其是提醒学生这一题的答句应该如何写。

四、回顾与反思

在反思环节，学生基本上都能用代入法进行验证。但是数学活动经验要在"做"的过程和"思考"的过程中逐步积淀。因此，在"回顾与反思"环节的教学，我注重运用解决问题过程中积累的感性经验，启发学生二次思考。除了要关注程序性知识，让学生以自己的方式检验解题答案是否正确，还要重视策略性知识，让学生思考：画线段图分析数量关系有什么优点？画线段图分析数量关系时，要注意什么？除了画线段图，还可以怎样分析数量关系？等等。学生在做与思的过程中对画线段图的长处有所理解、感悟，进而灵活运用于解决问题之中。

让数学课堂充满快乐

情绪心理学研究表明：快乐、兴奋的情绪与温和、宽松的学习环境，对认知创新思维活动具有扩散、强化的功能。情感与认知是不可分割的整体，没有无情感的认知，也没有无认知的情感，二者相互协调、相互作用。在数学教学中，教师可设计各种情境让学生在充满愉快的学习活动中获取知识、享受成功的喜悦。下面就以"面积和面积单位"的教学案例来谈谈我的做法。

一、在生活情境中感受"快乐"数学

真实情境创设可以从社会生活、科学和学生已有数学经验等方面入手，围绕教学任务，选择贴近学生生活经验、符合学生年龄特点和认知加工特点的素质。良好的开端是成功的一半，设计这一节课时，当时正值母亲节来临之际。所以我用电脑制作了一张非常漂亮的贺卡，课一开始，我问："同学们，你们觉得这张贺卡漂亮吗？"学生看到这张贺卡，眼睛一亮，都高兴地说："漂亮极了。"于是我接着说这张贺卡是小红制作的，准备在母亲节送给自己的妈妈。学生听完都会心地笑了。这时，我提出一个问题："小红想让这贺卡更完美一点，她想在贺卡的四周围上框，并在贺卡的表面放块玻璃，你们能帮她想想办法吗？"一听到为别人出主意，学生都积极思考，得出：求贺卡四周围上的框，其实是求贺卡的周长就可以了。至于表面玻璃的大小该如何求呢？这时，学生迫切想知道答案。于是我适时告诉他们："学了今天这节课的知识后，你们就能帮助小红解决这个问题了。"这样的设计使学生感受到数学就在我们周围，感受到数学的趣味和作用，很快就能调动学生的求知欲，在愉快的情境中，新知的学习成了学生内心的需要，问题的存在激起了学生学习的欲望。

二、在小品表演中体验"快乐"数学

教学实践证明：精心营造认知与情感和谐统一的氛围，将学生置于乐观的情感中，能诱发学生学习兴趣，取得理想的教学效果。"面积和面积单位"这节课主要教学目标之一是让学生体会1平方米、1平方分米、1平方厘米的大小。教学时，我先让学生自学课本，鼓励学生在小组间自由的交流，并说出它们的大小；学生在小组间无拘无束地交谈、比画着，时而发出阵阵欢快的笑声。接着我让学生用自学的知识来欣赏一个小品表演《谁的用处大》，分别由甲、乙、丙、丁四个同学饰演面积、1平方厘米、1平方分米、1平方米。首先，甲同学先介绍他叫"面积"，然后有点炫耀似的向同学介绍他的用处。接着，乙同学拿着1平方厘米的正方形纸板出场，向同学们介绍它的大小（是边长为1厘米的小正方形），当学生看到他手指1平方厘米的小正方形纸板说"我就这么大"时，都发出了善意的笑声。大家在笑声中轻松愉快地记住了1平方厘米的大小。同样丙、丁同学分拿1平方分米和1平方米的正方形纸板出场向同学做自我介绍。当听到丁同学说："我叫1平方米，我是边长为1米的正方形，我的面积是1平方分米的100倍，是1平方厘米的10000倍呢！"台下的同学都发出"哇"的声音。此时，甲同学说："现在如果测量教室地面的面积,课桌桌面的面积和文具盒盖的面积,你们说分别要用哪个面积单位比较合适呢?"学生此时情绪高涨,个个踊跃举手,在一片"我知道,我知道"声中,学习兴趣达到了高潮。在这种轻松愉快、友好、自由的氛围下,对面积单位1平方厘米、1平方分米、1平方米的认识已无须教师多言,水到渠成,自然而然地印在学生的头脑中了。

三、在动手操作中享受"快乐"数学

现在的课堂应该把主动权还给学生,让学生在充满民主、平等、友好和谐的课堂气氛中,敢于和老师、同学交流自己的意见、想法。因此,在课堂上教师要创设一个自由、安全的环境,让学生在心情愉快、精神振奋、没有压力的状态下打开思维的闸门,萌发创造力。在教学"面积和面积单位"的最后环节,我设计了这样一组练习,以四个人为一小组,用自己准备的面积单位,量自己喜欢的物体的一个表面的面积,然后在小组间进行交流。"兴趣是最好的老师",一听到自己喜欢的东西,学生立刻动手了,有的量橡皮擦表的面积,有的量课桌面的面积,有两个同学甚至对我说:"老师,我们能借你那个1平方米的纸板来量教室的面积吗?"我高兴地说:"当然可以"。在巡视中,我还发现少数同学当起了小老师,帮助那些不会量或用错误方法量物体面积的同学。总结时,有的小组成员说他们找到了一个既简单又省材料的方法,就是一个面积单位摆1个做一个记号,先看横行摆了几个,再看竖行摆几个,然后相乘,就是一共摆了几个面积单位。有的小组成员说这样量物体的面积太麻烦了,如果他们想量很大的面积怎么办,有一个小组说,他们认为这样量不够准确。他们问是否还有1平方毫米和1平方千米,我当即表扬学生这种敢于想象、敢于怀疑、敢于创造的精神。最后,我神秘地说："同学们，你们想知道既简单又准确的量物体面积的方法吗？"我把这道题留在了课后，给学生留下无穷的遐想。我期待着下节课学生更富有创意的想法。这样的课堂，学生感到无拘无束，可以畅所欲言，他们的创造火花就会不断闪现、时时流露。

在我的课堂上，我努力用我的教学魅力去吸引每个学生，使他们由衷地喜欢上我的课。如果让学生既喜欢你的课又能轻松地学到知识，何乐而不为呢？因此，我们应该想方设法让学生在自由、民主、平等、博爱的愉快气氛中产生智慧。

下篇 我的结构化教学实践

第六章 结构化教学案例分析

本章导读：《数学课标（2022年版）》强调课程内容的组织重点是对数学内容进行结构化整合，探索发展学生核心素养的路径。数学教学重在知识间的关联，创建具有整体性、系统性、结构化的"类"知识。教学中要不断进行"教—学—评"一致性的思考，让目标更利于核心素养的落实，通过评价让学习过程"看得见"，真正体现学生自主建构知识或经验的过程，从而有效提升学生的核心素养。

第一节　留足时间　解决"问题"

一、案例背景

在新课程的推进中,学生的学习过程和解决问题的能力是教师关注的焦点。教学"长方形和正方形的周长"这一课时,我做了如下的尝试,希望同行不吝赐教。

二、案例描述

1. 提示课题,设疑激趣

师:今天老师和大家一起来学习"长方形和正方形的周长"(出示课题),看到这个课题,你想知道什么?

生1:我想知道什么是长方形的周长?

生2:我想知道长方形、正方形的周长是指什么?

生3:长方形和正方形的周长是怎样计算的?

生4:计算长方形和正方形的周长需要什么条件?

生5:计算长方形和正方形的周长有什么作用?

2. 创设情境，探究正方形周长的计算方法

师：（出示一个抱枕）这是老师在商场买的一个正方形抱枕，质量很好，我想把它装饰得更漂亮些，在抱枕的四周加上花边。那么我该怎么办？你们能帮老师出个主意吗？

生1：买个花边把它缝上去。

生2：要买多长的花边才合适呢？

生3：那么我们就要先求出这个正方形的周长。

师：同学们真聪明！现在，你们能帮老师解决这个问题吗？

生1：拿尺子量一下这个抱枕的四周共有多长，我们就买多长的花边。

生2：只要量一条边就够了。

生3：花边需要算褶皱部分的长度吗？

师：这个同学的思考有道理，不过今天我们只需要把这个抱枕的外框看作一个正方形就好，褶皱和缝合处暂且忽略。你们能帮老师算出需要买多长的花边吗？（请两个同学上台量出这个抱枕一条边的长度，并告诉大家这个抱枕的边长为4分米）你是怎么算的，把算式写出来，并在小组内说说计算的过程。

学生立刻拿出本子认真地写，写完后，他们开始在小组内讨论，有的说：我是把四条边的长度都加起来算式是4+4+4+4=16（分米）。有的说：我是先算4+4=8（分米）再算8+8=16（分米）。有的说：我的算法比较简便，我直接用4×4=16（分米）……他们有的点头微笑，有的皱起眉头。在巡视时我发现每个同学都用自己的算法求出了这个抱枕的周长。

我让学生剪出16分米长的花边，并且当场粘上，抱枕真的变漂亮了，同学们都会心地笑了。

3. 小组合作，探究长方形周长的计算方法

我发给学生每人两根细铁丝和一张表格（表6-1-1）。

表6-1-1

图形	长（厘米）	宽（厘米）	周长（你有几种算法尽量都写出来）
长方形			

出示要求：

（1）自己动手围一个长5厘米、宽3厘米的长方形。

（2）这个长方形的周长是多少厘米？请把你的算法写在表格上面。

学生开始动手操作：有的学生拿出一根铁丝先量一下它的总长度，有的学生量一小段折一下，有的学生量一小段做一个记号。他们个个专心致志地折铁丝，还不时地互相低声说些什么，有的同学折起来不像长方形，赶快拿尺子重新量一量。不一会儿，大多数同学都在表格上写出了相应的算式。

师：谁来说说你围的这个长方形的周长是多少厘米？请把算式说给大家听听！（让学生把表格拿到投影仪上展示自己的算法）。

生1：我是这样算的——5+5+3+3=16（厘米）。

生2：我跟他的算法不一样，我是5×2+3×2=16（厘米）。

生3：我是先算5+3=8（厘米），再算8×2=16（厘米）。

生4：我是用5×4=20（厘米），再用20-4=16（厘米）。

……

师：同学们真聪明！想出了这么多的方法来计算长方形的周长。现在，你觉得哪种算法最简便，你对别人的算法有什么疑问，请在小组内讨论一下。

学生马上展开热烈的讨论：有的说我和生1的算法一样，直接把四条边的长度加起来；有的说生2的算法是先求两条长，再求两条宽，然后把它们和起来；有的说生3的算法比较简便，不过8×2表示什么意思呢？马上有学生说8厘米是一条长和一条宽的长度，那么8×2不就成了两条长和两条宽的长度吗？生4为什么要这样算呢？……

学生讨论得非常热烈，有的提问，有的解释，还不时拿起来长方形在比画着，有的甚至在别人的启发下又想出了其他的算法，如还可以这样算：3×4=12（厘米），12+4=16（厘米）。从学生的表情可以看出，他们非常兴奋。

4. 回顾学习过程

这节课你学了哪些知识？你能回答刚才同学们提出的问题吗？你还有什么新问题？

我出示同学们课前提出的问题，让学生自己回答。

三、案例反思

1. "思考"源于"问题"

《全日制义务教育数学课程标准（实验稿）》指出，让学生初步学会从数学的角度提出问题、理解问题……爱因斯坦曾说过："提出一个问题比解决一个问题更重要。"教师要努力为学生创设发现问题和提出问题的条件，让学生自己发现和提出有价值的问题。课题一般都是学生学习的中心或主要内容，是学习内容的重点。教学开始，开门见山，引导学生针对课题提问题，把提出问题的权利留给学生，让学生经过思考，提出问题。学生在思考提问的过程中明确了这节课的学习目标。这样让学生先提问，使学生头脑中有一个清晰的印象——"这节课学习哪些知识"，再引导学生自己去解决问题。这样既有利于学生对学习内容的理解和掌握，又能培养学生精准提出数学问题的能力。

2. "主动"源于"需要"

数学来源于生活。从学生的生活实际和已有的知识出发，将数学活动与他们的生活、学习实际相连，创设生动有趣的问题情境引导学生进行观察、思考，让他们从生动、具体的背景材料中去发现、去探索与之相关的数学问题，不仅能够较好地激发学生的学习兴趣和求知欲望，使他们积极主动地参与数学活动，而且能够最大限度地发挥他们的聪明才智和创造潜能，从而更好地解决问题。

在教学"正方形周长的计算方法"这一环节，我没有按照教材例题的设计，而是创设了"帮老师算算该买多长的花边才合适"的生活情境，让学生去思考，把解决问题的权利留给学生。创设这样的情境正是为了让学生积极主动地去"做"数学，而不是不明不白地为了学习正方形周长的计算方法而被教师逼着去学数学。在练习时，我发现学生全部都掌握了正方形周长的计算方法。这一环节的教学，我并没有做太多的讲解，而是创设的情境触动了学生思维的"最近发展区"，促使他们积极主动地解决问题。所以，在教学中提供的问题情境应力求让学生认识到数学与现实生活的密切联系，并让学生在应用知识解决问题的过程中，体验到数学的价值。

3. "理解"源于"疑问"

教材中长方形周长的认识是安排在另一课时上的，但这一次我做了调整，我想有了计算正方形周长的知识作基础，让学生在自己动手围一个长方形的前提下算出这个长方形的周长，并不难实现。于是我放手让

因循结构　培育素养
——小学数学"结构化"教学的探索

学生去尝试，给学生提供了思考的空间，结果发现学生找到了解决新问题的多种方法，每一种方法都是学生个性化学习的体现。《全日制义务教育数学课程标准（实验稿）》在发展领域目标中指出，学生要能够主动参与教师组织的数学活动，对不懂或与别人不一样的观点有提出疑问的意识，在独立思考的基础上，积极参与对数学问题的讨论，敢于发表自己的观点，尊重与理解他人的见解，并能在交流中获得收益。

如果我忽视了让学生展示讨论多种算法的环节，而是想当然地认为学生都能理解长方形周长计算公式是（长+宽）×2是怎么来的，然后一厢情愿地告诉他们这种算法最简便，结果就会出现很多学生往往知其然不知其所以然，简单的问题会套公式去求周长，遇到变式题就束手无策或考虑不周。而这一次我特别设计了小组交流算法这一环节，目的就是让他们在讨论中发表自己的观点，关注别人的思路，倾听别人的算法，提出自己的疑问，经历深度思考。在讨论中我发现学生对先算5+3=8（厘米）再算8×2=16（厘米），先算5×4=20（厘米）再算20-4=16（厘米）这两种算法的疑问最多。学生在"提问—解释"的过程中理解了每一种算法。从他们微笑的表情中我感觉到他们一定找到了自己认为最简便的算法，对于一时还不能接受用（长+宽）×2去求长方形周长的同学也不必去强求他们，这样，不同的学生在"提问—解释"的过程中都经历了自己的深度思考。

第二节　作业"无痕"　思维"有迹"

作业是学生学习数学、拓展思维的一项经常性的实践活动，是检验学生学习能力和学习评价的重要形式。如何让刚入学的一年级学生在课内"按时保质"完成作业，避免课外布置书面家庭作业呢？教师应设计质优量少的作业，充分发挥作业的评价功能，加强教师的指导作用，把学生完成作业的过程变成培养学生能力的过程，使每个学生在完成作业的过程中思维能力都能得到有效的提升。下面，我以人教版一年级上册"加法的认识"的作业设计为例，阐述具体策略。

一、关注幼小衔接，严控作业的"量"

"加法的认识"是人教版一年级上册第三单元《1~5的认识和加减法》的一个核心知识点，学生是在对5以内各数有了充分认识的基础上进行学习的。学生学习本节课的基础是5以内数的分与合。由于5以内各数数量小，又加上幼儿园已有充分的感知（幼儿园中班就已经学习了5以内数的组成与分解），所以本节课的计算对学生来说是轻而易举的事情。

因循结构　培育素养
——小学数学"结构化"教学的探索

如何让学生理解加法的含义以及培养学生听、说、思的能力才是本节课的核心目标。因此，教师在设计作业时一定要做好幼小衔接，摒弃让学生做大量计算题的做法，要关注刚入学新生的生理和心理特点，创设探究式、体验式的作业情境，使学生的思考由直观情境（直观图）过渡到半抽象化水平（圆片，点子图）和抽象水平（加法算式）。

本节课在"做一做"中安排了"看图说一说算式表示的意思"的练习（图6-2-1），在练习五中安排了"用自己喜欢的方式表示出下面算式的意思"的练习（图6-2-2）。这两道练习均有利于加深学生对加法含义的认识，深化学生对加法含义的理解。教师可充分利用现有的习题资源，对原有的习题进行适度加工，纵向加深习题的深度，横向拓宽习题的厚度。例如，教师可以对教材中的两道习题进行适当改编，设计以下课内作业：

如图6-2-1，此题可延伸设计三个具体要求：独立思考、同桌交流、用学具边摆边说，即体现思考过程。如图6-2-2，此题可改编为：在你的生活中，你有遇到过像今天这样的事吗？请你根据2+3=5这个算式编出一个数学小故事，并把你的小故事画成一幅画。

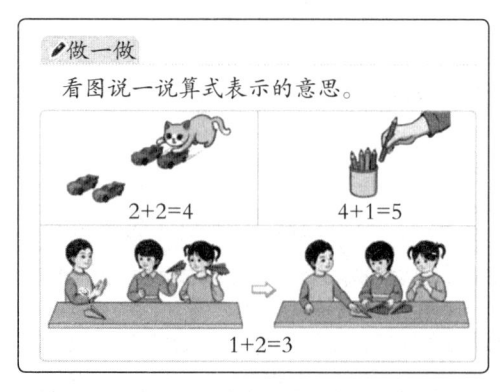

图6-2-1

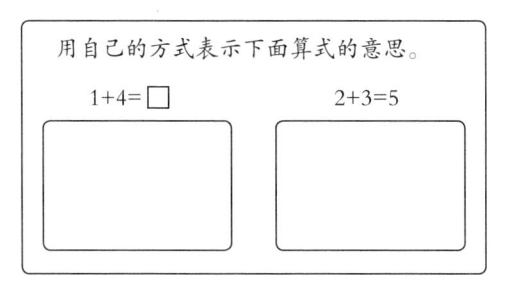

```
┌─────────────────────────────────────┐
│  用自己的方式表示下面算式的意思。    │
│   1+4=□              2+3=5          │
│  ┌──────────┐    ┌──────────┐      │
│  │          │    │          │      │
│  │          │    │          │      │
│  │          │    │          │      │
│  └──────────┘    └──────────┘      │
└─────────────────────────────────────┘
```

图6-2-2

以上两题作业设计都是教材上原有习题的微改编，第1题利用教材提供的情境图让学生经历"图—式—说"的思考过程，重在巩固新知；第2题则是让学生经历"式—说—图"的逆向思考过程，重在应用新知。这样的作业设计给学生提供了解决问题的实际情境，符合一年级学生的特点，既能检验本节课学生知识、技能的掌握情况，又能培养一年级学生观察、倾听、交流的能力。

二、加强过程指导，确保作业的"质"

学生完成作业的过程，可以说是一项综合性的脑力劳动过程。教师指导一年级学生"做"作业的方法的优劣，决定着作业质量的高低。根据学习金字塔理论（图6-2-3），我们可以看出，从上至下学习效果越来越好，而动作参与也是越来越高。本节课设计的两道课内作业，契合金字塔学习理论，重在呈现"做"作业的过程，即让学生在动口说、动手摆或画，和小组交流的过程中完成作业。基于一年级学生的认知特点，教师必须加强"指导"的作用，充分发挥作业的育人功能。

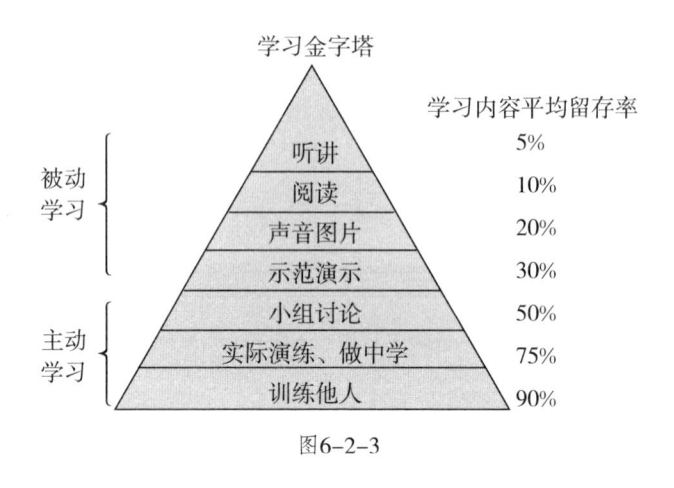

因循结构　培育素养
——小学数学"结构化"教学的探索

```
                   学习金字塔
                        /\
                       /  \           学习内容平均留存率
                      / 听讲\              5%
        被动        /--------\
        学习   ←   /  阅读    \           10%
                 /------------\
                /  声音图片    \          20%
               /----------------\
              /   示范演示       \        30%
             /--------------------\
        主动/    小组讨论          \      50%
        学习← /----------------------\
          /  实际演练、做中学        \    75%
         /------------------------------\
        /        训练他人                 \  90%
       /------------------------------------\
```

图6-2-3

1. 以"动"促"思"，"说"出作业

本节课第1题作业的延伸设计旨在让每个学生都有动口说和动手做的机会。教师可以围绕以下四个层次指导学生完成作业：一是读懂要求。教师首先要培养学生写作业前有"读"的习惯，先独立读题，再分享信息，培养学生认真审题的习惯；然后鼓励学生把读题中遇到的困难说出来，如"读完题目后你还有什么不懂的地方？"最后启发学生用儿童化的语言来表述自己对题目的理解。二是观察图意。教师要让学生在完成作业的过程中有"思"的习惯。在读懂题目的基础上，教师要给学生静心思考解决问题的时间，对图和算式进行关联思考，培养学生独立思考的意识和习惯。三是平等交流。教师要给每个学生提供"说"的机会，可以让学生选择其中一幅图在四人小组里交流自己的想法，根据算式用语言表征图意，将自己的思维外化。四是动手操作。教师要让学生有"动"的时间，结合算式摆圆片，在操作中手口一致，再次理解"合并"的意思，从而在视觉直观和触觉直观中理解每道算式表示的意思。

本题作业设计让学生在完成作业的过程中，经历了从审题，到

"图""式"关联思考,再到用语言和动作呈现题意的过程,教师进行精心指导,既给学生"动"的时间,又给学生提供了"说"的机会。在这个过程中,学生认真思考,敢于交流,耐心倾听,乐于分享,确保了完成作业的质量。在师生、生生互动的和谐氛围中,学生不知不觉地完成了作业,初步培养了用数学的语言描述周围事物的能力。

2. 以"编"促"评","画"出作业

本节课第2题作业的改编设计旨在让学生用"编故事"和"画图画"的方式表示"2+3=5"。这样用动口和动手相结合的方式完成作业符合低段学生活泼好动的年龄特征,学生乐于完成这样的作业。要想让学生高质量地完成本题作业,教师指导时应侧重评价标准的多样化,如在学生编故事时,教师可对学生的解题过程进行多维评价,具体指导过程如下:一是"和同桌讲悄悄话"。让学生把自己编的故事说给同桌听。此时的"编"的评价标准是敢开口说、能认真听。二是全班展示交流。让学生推荐几个有代表性的同学上台交流。教师可用"你听懂他说的故事吗?对他说的故事你有什么疑问或补充"来引导学生经历自评和互评的过程。三是画图表征。这个环节最需要教师的指导。教师可选择4份有代表性的作品,如图画复杂的、图画简单的、合并过程明显的、合并过程不明显的,通过运用"谁看得懂这名同学的画?你能帮他讲故事吗?对这些作品你们有什么疑问或补充"等提示语,引发学生思考,让学生在说(猜)、纠正、评议同伴作品的过程中体会站在别人的角度思考问题——要想让别人读懂图意,应该对自己的作品做出哪些修正和补充。学生在评价别人作品的过程中感悟到每个同学的图虽然画得都不同,但是都可以用抽象的算式2+3=5或3+2=5来表示;要想让别人看懂图形合并的过程,可以用数学符号集合圈或大括号来表示。

本题作业设计让学生通过自编—互说—共听—齐评等方式完成，学生对"把两部分的东西合并起来可以用加法来表示"有了更深入的理解。这样的评价方式注重课堂对话和解题过程的指导，评价方式多样化，有助于学生在编故事中学会用数学的语言表达现实世界。在教师的精心指导下，学生完成作业的"质"得到了保证，思维能力得到了提升。

三、设计实践类型，丰富作业的"式"

苏霍姆林斯基曾说："让学生变得聪明的办法，不是补课，不是增加作业量，而是阅读，阅读，再阅读。"当一、二年级的学生没有书面家庭作业时，为了避免校内减负、校外增负的现象发生，教师可布置形式多样的少量实践作业（如口头说、动手做、开口读等），让一年级的学生回家有"事"可做。

以本节课为例，教师可设置推荐阅读的"课后作业"——阅读数学绘本《汪汪的生日派对》第1~7页，阅读形式——听录音看绘本或亲子阅读。《汪汪的生日派对》这本绘本讲的数学知识是"解决问题的方法——加法和减法"，主要内容是汪汪和丽丽为了准备生日派对去超市的故事，通过各种日常生活中常用到加法和减法的情况，让小朋友们认识到数学的应用价值。因此，学完本节课的知识设计、是阅读这本绘本最好的时机。这样的课后绘本阅读作业，教师只需给学生提供读的途径和方法，暂不提出阅读要求，学生非常喜欢这样的家庭阅读作业，也非常乐意和父母、教师、同伴分享自己的阅读成果，有助于慢慢养成数学阅读的习惯。

综上所述，本节课设计的3个作业，"量少、质优、式多"，弱化了

"写"的形式,强化了完成过程中思考的表征。在教师的指导下,学生在"观察、思考、操作、交流"中完成这样的"无痕"作业,其思维过程步步有"迹",有助于充分发挥作业的价值,发展学生的思维能力;有助于真正落实义务教育阶段小学一、二年级不布置书面家庭作业的举措,切实做到减负增效。

因循结构　培育素养
——小学数学"结构化"教学的探索

第三节　课时结构　合理选择

"长短课",顾名思义,将课时进行伸缩变化,把原本的40分钟,按照教学内容的需要,划分为拉长(超过40分钟)或缩短(小于40分钟)的课时,实行"长短课时并行"策略,让课程更加符合教育规律。作为一线教师,在平时的教学中我们已经或多或少,或自觉或不自觉地践行着长短课,现在我以平时践行长短课的一些做法进行总结,以期达到抛砖引玉的作用。

思考一:哪些教学内容适合上短课?

在平时的集体备课或公开课的研讨中经常会听到有教师说:这节课的教学内容知识点简单,一节课40分钟绰绰有余。对于我们觉得一节课40分钟绰绰有余的课,不必囿于40分钟标准课时的限制而让学生进行重复无效的学习活动或因任意拔高学习要求而出现的低效的学习活动,我个人觉得像这样的课就可以把它缩短为10~30分钟的短课。

哪些课型可以上成短课呢?我以为现行人教版数学教学中每一个模块在学段知识的衔接上出现的作为承上的起始课可以上成短课,这样的课型经常会出现以前学过知识的重影（也就是生长课），上这样的课重在让学生从旧知迁移到新知，只要抓住新知的"新"点让学生在短时间内顿悟，那么我们的知识目标就可大功告成。

比如，"数与代数"这一模块中五年级第6单元《分数的加法与减法》中的第一课时"同分母分数的加、减法"。我就采用15分钟左右短课的形式来达成教学目标。因为在三年级上册已经学过分数的简单计算，其实就是简单的同分母分数加、减法。从教材的结构化安排上我们可以看出五年级上册的内容有很多三年级知识的"重影"，因此我就舍"大同"求"小异"，具体做法如下：

（1）先让学生回顾三年级学过的例题1、例题2，用课件显示学过的例题，唤起学生的已有学习经验，激活储藏在学生头脑中学过的同分母分数的加、减法计算的方法——分母不变，分子相加减。虽然当时没有要求概括成这样的法则，但是每个学生都掌握了这样的算法。

（2）再让学生自主阅读五年级教材中的例题1，并带着以下几个问题思考：今天学的同分母分数的计算和以前学的分数的简单计算有何联系与区别？今天学的同分母分数的计算和以前比较有哪些"升级"的地方？有哪些需要特别注意的？因为有了问题的指引，学生很容易就发现了本节课学习的"新"点：学生理解了算理，指出"张"和"块"这两个单位名称表示意义的区别，明白了书上红色虚线框表示的意义是把3个八分之一和1个八分之一合起来的过程，并知道了计算的结果能约分的要约成最简分数。最后联系整数加、减法的含义，迁移类推出分数加、减法的含义并会用规范的数学语言表达这样计算的道理，体现了数的运算的一致性。

思考二：哪些课型适合上成长课？

小学数学教材中每一模块中也会出现一些作为启下的主要起始课（种子课），这样的起始课如果教好了，学生在后续学习相关课型的知识时思路就会开阔、顺畅，从而达到举一反三、触类旁通的效果。像这样的课我们不必拘泥于40分钟的课时，而应根据教学内容的重点、难点放手给学生充分探究知识的时间和空间，以期把教学内容教深、教透，避免受40分钟的限制，上成蜻蜓点水式的直线课。在一些大型的名师交流展示课上会听到一些超过40分钟的长课，但是学生毫无懈怠感，作为听课者的我也如痴如醉，甚至有"听君一节课，胜教十节课"的感叹。是啊！上好这样的一节起始课，后面的课学生就能少花时间轻松搞定，像这样的课就有必要上成超出40分钟的长课。

例如，图形与几何这一模块中关于平面图形的面积，在第三学段就是五年级上册第6单元出现的多边形的面积的研究课，第1课时"平行四边形的面积"就是一节非常重要的作为启下的课，因为后续研究三角形和梯形的面积同样都是用剪拼、割补的方法把它转化成已经学过的图形的面积来进行研究的。所以上好了平行四边形的面积这一节课的知识显得尤为重要。因此，课堂上我给学生大量的活动时间让学生充分经历把平行四边形通过剪拼、割补等方法转化成学过的长方形，从而达到让学生自主推导出平行四边形面积的公式。具体做法如下：

（1）数图猜测：让学生在方格纸上通过数格子初步猜测平行四边形的面积等于底乘高。

（2）设疑探究：不数方格，怎么计算平行四边形的面积？给多样化的活动材料（形状各不一样的平行四边形）和足够的操作（学生观察、思考、尝试剪拼）时间，让学生用多样化的方法把平行四边形转化成长方形。

（3）展示汇报：给学生充足的时间展示交流自己是如何把平行四边形转化成长方形的，然后观察原来的平行四边形和转化后的长方形，发现它们之间的等量关系，进而概括推导出平行四边形的面积公式。

（4）依据推导的公式进行例题的解答并做适量的变式练习，检验学生是否真正理解平行四边形面积公式的推导过程。

这样一节操作探究的活动课大约要用50分钟的长课来完成教学任务。这样的课如果教师舍得花时间让每一个学生都经历用自己的方法把平行四边形转化成长方形，学生有了前面的研究基础和方法，那么对于接下来的三角形和梯形面积的研究，教师就可以大胆放手让学生自主探究，学生推导公式的方法自然就水到渠成了。如果教师为赶教学时间用个别代替全部或教师包办等简化学生的思维过程的教学方式，那么就会出现探究不充分、不到位，交流不透彻甚至出现障碍的情况，这时就会出现教师包办的现象，那么后续的三角形和梯形面积的探究就会形成恶性循环，费时又低效。

当然，教无定法，贵在得法。在此我想说课无定时，贵在适时。长短课的设置和选择对教师的教学理念和经验及能力提出更高的挑战。作为一线教师，如果学校已经有了长短课的明确配置，教师就精心使用；如果没有，教师也可以悄然使用。只要每位教师对自己所教学科内容每一册、每一单元、每一节课的内容都有一个系统的结构化把握，那么在践行长短课时，就能因课施教，宏观调控。总之，适合学生的，就是最好的。只要教师用得舒心，学生学得开心，再加上不断总结提升，那么教师总会找到自己心中那把衡量"长短课"的尺子。

第四节　丰富形式　多元评价

我以前曾经在中央电视台一个栏目的广告中看到过这样一个片段——教师宣布今天考试，学生可以有三种求助方式：一种是向现场观众求助，一种是请求降低考试的难度，一种是拨打求助热线。规则宣布完之后，学生先是一愣，后来全班为之欢呼。长期以来，教育评价一直被视为一种筛选、选拔的工具，考试的良好功能和作用被异化了，学生沦为考试的机器。优胜劣汰的思想左右着学生，使学生惧怕考试。而评价的主要目的是全面了解学生的数学学习的过程和结果，激励学生学习和改进教师教学。应建立评价目标多元、评价方法多样的评价体系。对数学学习的评价要关注学生学习的结果，更要关注他们学习的过程；要关注学生数学学习的水平，更要关注他们在数学活动中所表现出来的情感与态度，帮助学生认识自我，建立信心。小学生刚刚进入学校，他们对数学的感受对于今后是否喜欢数学学习、能否学好数学十分关键。对学生进行评价时，应把教师评价与同伴互评和家长评价相结合，注意多种评价方式相结合。因此，我们应该从低年段学生的心理特点出发，突出考试的趣味性、层次性，给数学考试换"花样"，让学生在轻松有趣的情境中愉快地考试，使学生由害怕考试变为喜欢考试，具体做法如下。

一、请求现场观众的帮助——体现合作

本学段评价学生学习过程时，应该考查学生是否积极主动地参与数学学习活动，是否乐意与同伴进行交流和合作，是否具有学习数学的兴趣。比如，一年级上册学完一部分几何图形和口算的知识后，可以开设一次"游园考试"。教师在试卷上设计游戏化的考试内容，如"摘苹果""找朋友""游迷宫""七巧板""拼一拼"等，把这两部分需要考试的内容融入游戏项目之中。量不在多，而在有趣，前20分钟让学生先独立做题，在完成题目的过程中可以对感到有疑难的题目做记号。然后在考试的后半阶段，留有10分钟，让一些个别题目做起来有困难的同学请求现场观众（小组中对某一题型比较厉害的同学）的帮助。最后10分钟让同学对经过讨论的题目做出适当的修改，原先做的记号必须保留。这种合作考试方式，以课堂观察为主，给学生提供探索与交流的空间，主要考查学生是否积极主动地参与学习活动，是否乐意与同伴进行交流与合作。这样的考试脱离了传统的多数以笔试为主的框架，更多地从调动学生的学习积极性出发，学生遇到困难可以请求帮助，使学生在轻松的考试氛围中交流与合作，互相帮助，共同进步，消除对考试的恐惧感，提高对考试的喜欢程度。而教师则认真地观察每个学生的表现，在愉快的情感体验中完成对学生的评价。

二、请求降低考试的难度——照顾差异

评价要关注学生的个性差异，保护学生的自尊心和自信心。面向全体，实质是面向有个体差异的学生。面向全体，就是要求教师关怀每一个学生，使学优生、中等生和所谓的"后进生"都在原有基础上得到充分发展，得到提高。传统考试中，教师总是把单元考卷发给每一个学生，念完题目后，大家要在规定的时间内把考卷做完。这样忽视了学生的个体差异，一些考试结果不理想的同学总生活在后进生的阴影下，他们会害怕考试，甚至讨厌考试，久而久之，影响了这些学生综合素质的发展。

事实上，人的心理和智能结构的发展水平，是无法用一张考卷准确地衡量出来的。因此，我们必须尊重学生的差异性，在考试时，允许碰到难题的同学请求降低考试的难度，如请求把题目再念一遍（如有的刚入学的学生识字不多），请求教师对应用题的关键字眼做一些解释，等等。在考卷的后面增加一两道"趣味数学"题，让学有余力的学生充分发挥自己的学习潜能。这样的分层考试改革，是根据学生的个体差异而设计的评价体系。对一个学生来说，五分是成绩好的标志，而对另一个学生来说，三分可能就是很大的成功。因此，我们要正确地判断每个学生智力才能的不同特征及其发展潜质，通过降低考试的难度，使他们都能取得好成绩，体验到成功的欢乐，这对于培养他们的学习兴趣是非常重要的。有了几次成功的体验，他们就会信心倍增，也就不再害怕考试了。

三、拨打求助热线——结合实践

给学生提供更多的动手机会，让学生参与更多的社会实践，是学生

健康成长的必要条件，也是社会发展对人才提出的基本要求。学生在学校中学到的东西，只有与丰富的社会实践相结合，才能变得鲜活起来，只有通过自己的亲身实践，知识才能变得丰富、深刻。新课程强调人人学有用的数学，本学段学生往往需要借助具体事物或实物模型完成学习任务。因此，在对学生评价时，应重点考查学生结合具体材料对所学内容实际意义的理解。所以，我们的考试可以改变单纯的书面测试，增加一些实践测试的内容，如"小小商店""小统计""动手量一量""一次调查报告"等短考试的形式。例如，二年级下册学完统计这一单元的知识后，可以开展一次以"统计"为主的实践"短考试"，考试内容为：用本单元所学的知识统计本班（男、女）同学的视力情况，填写复式统计表（统计表和统计图的格式教师事先提供），然后男、女生根据统计的数据分别制作男生或女生的视力情况统计图。这种考试主要考查学生能否运用适当的方法去收集本班同学不同视力情况的人数；在收集数据的基础上，能否将这些数据进行分类、整理和描述（如能说出"我们班男生视力比女生差一些，视力在5.0及5.0以上一共有23人"等）；能否针对统计的情况对同学提出保护视力的一些建议。这种测试不一定由学生自己一个人完成，可以让学生走出考场，在一个命题的引领下，或在一个特定的环境中，经历动手实践、收集资料、经历研究、解决问题的过程。学生可以通过拨打求助热线，即通过小组合作与交流，借助学具，请求家长帮助，或者到商店、市场去进行调查、统计。教师留给学生充足的时间，让学生主动地获取并应用知识以解决问题。这种形式的考试，是锻炼学生设计、分析、思考、行动诸方面能力的好机会。学生完全可以独立地去完成适合自己水平和生活的测试，让学生学以致用，勇于实践。在完成测试的过程中，如果碰到困难，就可以求助其他渠道。这样不仅能培养学生的独立生活能力，而且对提高学生解决实际问题的能力是很有帮助的。课程改革评价倡导"立足过程，促进发展"，重视评价的激励与改进功能，这既是内容、方法与手段、实施过程等评价体系的转变，更是评价理念的转变。

总之，《数学课标（2022年版）》的数学考试应集生活内容、思想方法和语言文字于一体，关注学生在思维能力、情感态度与价值观等方面的进步与发展。以上三种考试方式的改革能体现考试的趣味性与多样化，有助于消除学生对考试的恐惧心理，体现"以人为本""以生为本"的教育理念。

第五节　留出空间　亲历探究

解决问题的教学，就是要让学生通过亲身经历观察、分析、操作、实践等解决问题的过程，积累解决问题的经验，获得解决数学问题时广泛使用的方法和策略。《义务教育数学课程标准（2011年版）》指出，由于学生所处的文化环境、家庭背景和自身思维方式不同……教师要尊重学生的想法，提倡思维方式多样化，并鼓励他们通过自主探究、合作交流等方式，自主发现和解决问题。因此，当一个问题出现的时候，他们都会联系自己的经验，用自己的思维方式来解决问题，这就体现出解决问题策略的"多元化"。我结合自己的教学经验谈谈如何根据学生的个体差异，让学生用自己的方式去解决问题。

一、营造和谐氛围，让学生尽情地"说"

片段一：（这是"一分能干什么"中的一个教学片段）

师：请同学们仔细观察钟面上的秒针和分针（秒针正好指着12），秒针走一圈，分针正好走了几小格？（教师演示过程）

因循结构　培育素养
——小学数学"结构化"教学的探索

生：我发现秒针走一圈，分针正好走了1小格。

师：谁知道秒针走一圈是几秒？（稍做停顿给学生思考的时间）

生1：秒针走一圈是60秒。

师：（惊喜地）你是怎么算出来的？能告诉大家吗？

生1：因为我发现钟面上有12个大格，每个大格有5个小格，用5乘12就等于60，所以就是60秒。

师：你真棒！连5乘12都会算了。谁还有不同的想法？请勇敢地说说吧！

生2：我是用数格子的方法，一大格是5，两大格是10，15，20，……一直数到60。（学生边说边用手指）（教师微笑着倾听）

生3：我是用乘法口诀算的，先算九大格"五九四十五"，再加上5，再加上5，再加上5，也是等于60。（教师赞赏地点点头）

生4：我知道秒针走到6，是30秒，走到12刚好是两个30秒也就是60秒。

生5：我是一小格一小格数出来的，（其他的学生有的在笑，但他还是勇敢地说下去）以前爸爸教我数数时，就是一小格一小格地数，所以我现在一下子就知道秒针走一圈是60秒。

生6：我是两大格两大格地数，10，20，30，……，60。

师：同学们可真厉害，能用这么多的方法算出秒针走一圈是60秒。老师真佩服你们。

……

思考：现在的课堂应该把主动权还给学生，让学生在充满民主、平等、友好和谐的课堂气氛中，敢于和教师、同学交流自己的意见、想法。因此在课堂教学中教师要创设一个自由、安全的环境，让学生在心情愉快、精神振奋、没有压力的状态下打开思维的闸门,萌发创造力。

上述教学片段中,对如何解决"秒针走一圈是几秒"这个问题,我留给学生充分思考的时间和空间,让学生去思考、去探究。在汇报交流阶段,我始终非常认真地倾听每一名同学的发言,让学生尽情地说出自己的算法,而且不时地点头微笑给予赞赏和鼓励。学生在不用担心说错会被取笑或被教师制止的氛围中无拘无束地畅谈自己的思路,也正因为这样,我们才能听到不同程度的学生的心声:生1的想法代表了个别计算比较超前的学生,因为到目前为止教材只学到表内乘法;生2和生6是大多数中等学生的想法;生3、生4、生5是个别思维比较特别的同学。在整个过程中,学生能从不同的角度思考问题,用自己喜欢的方式去分析问题、研究问题,每个学生都找到了适合自己的方式去理解、去解决"秒针走一圈是60秒"这个问题,我也真正做到了既关注学生的个性差异,又尊重学生独特的感受和体验。

二、动手操作活动,让学生大胆地"做"

片段二:这是在学生认识周长这个概念的基础上进行的计算长方形周长的教学。教师发给学生每人一张长方形纸。

师:请同学们用自己喜欢的方法算出这张长方形纸的周长。

学生开始动手操作:有的学生拿出尺子量一条边写一次,有的学生量一小段在尺子上做一个记号,他们个个都细心地量、认真地写。这时,我看见一个学生把长方形纸左右对折,我连忙走过去问他:"你为什么要把这张纸对折呢?"他连忙说:"我的尺子断了,这张长方形纸的长边太长了我一次不能量出来,如果对折我的尺子够量,量出后再乘2不就知道它的长是多少了吗?"我马上肯定了他的想法。等我转过身一会儿,大多数同学都在练习本上写出了相应的算式。

师:你们都能用自己的方法算出这个长方形的周长吗?

生齐答:能。

师:那谁愿意把自己的想法说出来跟大家分享一下?

生1:我是先把这张长方形纸的四条边都量出来,然后全部加起来就是这张长方形纸的周长。算式是6+9+6+9=30(厘米)。

生2:我的算法比他简便,我只量出这张长方形纸的长和宽分别是9厘米和6厘米,9加6等于15,15再乘2就等于30厘米。

生3:我先量出这张长方形纸的长是9厘米,两条长是9乘2等于18厘米,再量出它的宽是6厘米,两条宽是6乘2等于12厘米。18加12等于30厘米。

生4:我的尺子比较长,我量一边做一个记号,四条边量完了,也就求出了这张长方形纸的周长也是30厘米。

思考:新课程提倡以学生为主体,鼓励让学生自己提出问题,再让学生自己去解决。解决问题的策略只有在实践运用过程中才能得到巩固。就当前的新课程教学而言,解决问题首先体现在获取数学新知识的过程中,如很多计算教学都是与解决问题相结合的,即学生根据已有的知识、经验在解决问题的过程中学习新的知识。对于长方形周长的教学,以前我很少去关注学生的多种算法,而只是通过讲例题,然后一厢情愿地告诉学生记住长方形周长计算公式是(长+宽)×2,这种算法最简便。这种做法太过"一刀切",学优生很容易就理解了这种算法,但是很多学生往往知其然,不知其所以然,简单的问题会套公式去求周长,遇到变式题就束手无策或考虑不周。而这一次我特别设计了"自己量、自己做"这个环节,放手让学生去尝试,给学生提供了充分思考的空间，结果发现学生找到了解决新问题的多种方法，每一种方法都是学生个性化学习的体现，他们都用自己的方式解决了问题。虽然有个别学困生在独立解决问题方面可能碰到了困难，但通过教师的指导或交流环节的倾听，他们也都找到了自己理解的方法。

由此可见，在平时的教学中，如果教师能转变教学观念，在课堂上多留给学生思考的时间和空间，让学生"尽情地说"和放手让学生"大胆地做"，再加上教师适当地指导，学生的数学学习就会成为一个生动活泼的、主动的和富有个性的过程，每个学生都能从中获得成功的愉悦。"不同的学生在数学上得到不同的发展"的教学理念在课堂上将会得到充分的体现。

第六节　联系生活　品味数学

一、案例1

下面是"100以内数的认识"教学中的一个片段：

当学生对100以内的数有了一定的认识后。

师：请同学们说一说你最喜欢哪个数，为什么会喜欢它？

这时学生就很自然地把数字和自己的生活联系起来了。

生1：我喜欢25，因为5月25日是我的生日。

生2：我喜欢42，因为我们班有42人。

生3：我喜欢56，因为我们中国有56个民族。

生4：我喜欢7，因为今年我7岁了。

……

当学生能够用学过的数字说出自己喜欢的数后，教师对学生又提出了一个问题。

师：我想向大家介绍两个数，一个是82，一个是11，那是昨天晚上我在家里一手抓黄豆，一手抓糖果的数量，你们知道哪个数表示黄豆，哪个数表示糖果吗？

学生纷纷举手发表了自己的看法。

师：你也能把你想到的数字说给大家猜猜吗？

生1：我想到一个数是65，这是我们家一个人的年龄，你知道是谁的年龄吗？

生2：我想到一个数，它是一个电视台的节目，主要讲少儿内容的，你知道是多少吗？

生3：我想到一个数，它是刘翔在奥运会上跑步的时间，你知道是多少吗？

生4：我想到一个数，它比99小，又比97大，它是多少？

……

这个环节学生的积极性更高，他们纷纷说出了自己猜数的理由。

二、案例2

下面是"认识钟表"中的一个片段：

当学生初步认识了"整时""几时半""几时刚过""快几时了"这四种时间后，我向同学们提出了一个问题。

师：请同学们想想，在日常生活中，做什么事情一定要"准时"，做什么事情可以"大约"，做什么事情一定要"提前"？

学生听完后马上联系自己的生活实际讨论起来。

准时的说法有：

生1：我认为飞机起飞一定要准时。

生2：我认为火箭发射一定要准时。

生3：我认为新闻联播一定准时播放。

大约的说法有：

生1：睡觉的时间可以大约，刷牙的时间可以大约，吃饭的时间可以大约，上学的时间可以大约。

生2：我认为上学的时间不能大约，一定要提前才不会迟到。

师：说得真好，那么做什么事情一定要提前呢？

生1：坐飞机一定要提前到机场等待，乘车一般也要提前，上班也要提前。

……

师：同学们说得真好，现在请同学们看这几个钟面上的时间，想一想这个时间你可能在做什么？（教师分别拨了7时半，12时，快8时了，9时刚过，让学生结合时间，再说说自己可能在做什么事情，学生兴致很高，不仅钟面上的时刻说得对，而且在做什么事情也说得有条有理。）

最后我布置了一道作业：回家后，做事情之前先看看时钟，并记录下来，明天我们举行"作息时间交流会"。

三、案例反思

教学活动应注重启发式，激发学生学习兴趣，引发学生积极思考，鼓励学生质疑问难，引导学生在真实情境中发现问题和提出问题，利用观察、猜测、实验、计算、推理、验证、数据分析、直观想象等方法分析问题和解决问题；促进学生理解和掌握数学的基础知识和基本技能，体会和运用数学的思想与方法，获得数学的基本活动经验；培养学生良好的学习习惯，形成积极的情感、态度和价值观，逐步形成核心素养。

数学来源于生活，又为实际生活服务。数学教学不应该只是一些刻板的知识的传授，不能墨守成规，照本宣科，而应该遵循源于生活、寓于生活、用于生活的理念。数学教学，要紧密联系学生的生活实际，从学生的生活经验和已有知识出发，创设生动有趣的情境，引导学生开展观察、操作、猜想、推理、交流等活动，使学生通过数学活动，掌握基本的数学知识和技能，初步学会从数学的角度去观察事物、思考问题，激发对数学的兴趣，以及学好数学的愿望。

案例1教师设计的"让学生说说自己喜欢的数"和"把自己想到的数说给大家猜"这两个环节，学生很自然地把数字和自己的生活联系起来。有的把数字和自己的生日联系起来，有的把数字和班里的人数联系起来，这样学生自己就把数字拉进了生活，使数学知识生活化，在具体的生活情境中感受数字的意义，体会数字的作用，其对数字的认识更具人文色彩，同时培养了数感。案例2中教师创设情境，让学生说说生活中做哪些事情一定要"准时"，哪些事情可以"大约"，哪些事情要"提前"，把生活中的问题融合在数学教学之中，不仅教会了学生数学知识，还培养了学生良好的时间观念。"让学生结合时间说说可能在做什么事情"，使整个解题过程充满了趣味，在不知不觉中突破了认识"几时刚过"和"快几时了"的难点，而且使学生知道什么时候做什么事情，有助于学生养成良好的学习习惯。

上述两个案例，教师创设的情境都是源于生活，课中又运用所得到的知识回到生活中去解决实际问题，始终围绕着生活来研究数学，使数学课的"生活味"很浓。在所涉及的生活情境中，研究的都是数学知识，使同学们感到生活中"数学味"十足，感悟到生活中处处有数学，培养了"学生会用数学的眼光观察现实世界"。新课程突破了只注重学生知识技能培养的局限，关注学生的具体生活和直接经验，深入学生的精神世界，这样的教学，让数学走进了生活，让生活走进了数学课堂。

第七章 结构化教学案例解读

本章导读：小学阶段的学生正处于思维发展的初级阶段，在学习知识时，需要依靠教师的帮助建构知识体系。而教师基于核心素养培养目标，把课时内容放在大单元结构中进行备课，能够串联学生的各个学习环节，助力学生构建完善的知识框架。小学生在大单元学习中能够完善自己的知识体系，初步掌握学习方法，完成不同难度的学习任务，由此积累丰富的学习经验，感受学习数学知识的价值。

第一节 "构"在关联处 "思"向纵横行

人的认知是有结构的,学习的实质是学生主动形成认知结构的过程。小学数学的各个内容领域都是按照数学的科学体系和儿童认知发展顺序建立起来的统一体,具有高度"结构化、系统化"的特点。因此,教师在备课时要站在整体、系统和结构的高度把握、审视和处理教学内容,重视知识的前"延"后"续",引导学生体验数学知识的发生、形成、发展、运用过程,培养学生的结构化思维。我以人教版数学四年级上册"口算除法"一课为例,谈谈如何架构计算教学之间联系,发展学生思维的一些思考。

一、展开内容结构,感知除法计算的体系

数学教学应把学科知识看作一个有机的整体,以突出学科知识之间的内在联系。在研究教材时,教师不仅要横向研究本节课的教学内容与前后知识点所形成的点状结构,还要纵向熟悉本节课的教学内容与相邻年级的教学内容的块状结构。这样才能了解到本节课要教学的内容是在

因循结构　培育素养
——小学数学"结构化"教学的探索

怎样的基础上发展起来的，又是怎样为后面所要学习的内容做准备的。

在设计除数是整十数的口算除法教学内容时，教师可对小学阶段整数乘、除法教学内容的安排做一个系统地梳理，对本节课的内容在计算教学体系中的地位有一个整体的印象。以人教版的编排为例，教师可把与本节课教学内容有直接关联的教学内容整理成以下的结构图（图7-1-1），让教师便于感受除法计算内容安排的课时与课时、单元与单元、年级与年级之间的结构关系。

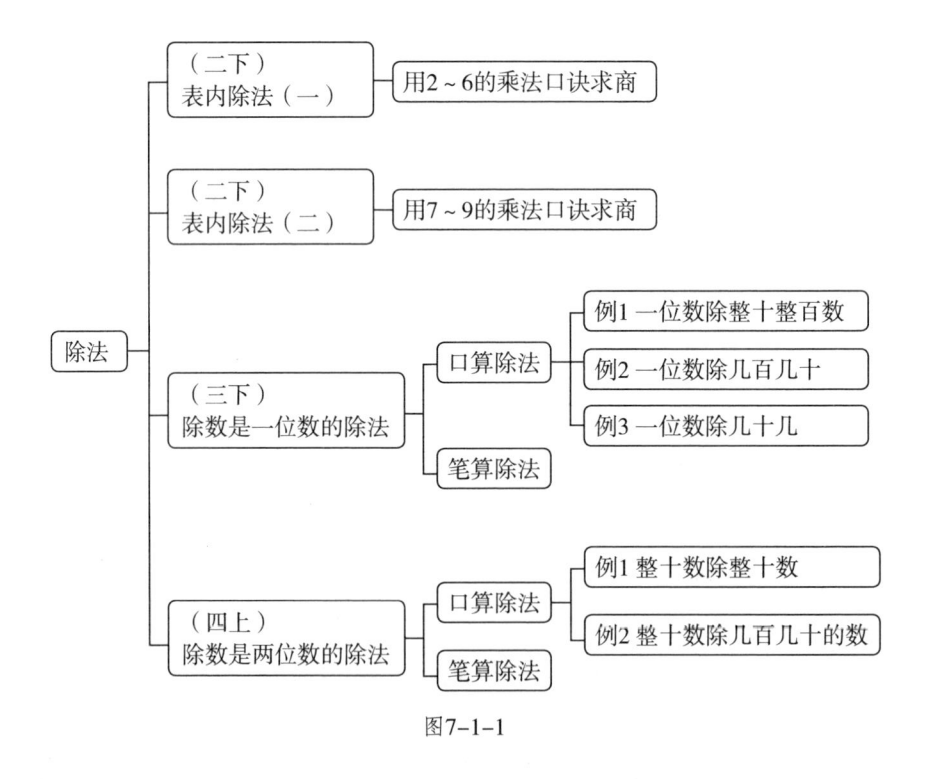

```
                ┌─ (二下) 表内除法（一）── 用2~6的乘法口诀求商
                │
                ├─ (二下) 表内除法（二）── 用7~9的乘法口诀求商
                │
                │                      ┌─ 口算除法 ┬─ 例1 一位数除整十整百数
   除法 ────────┤  (三下)              │          ├─ 例2 一位数除几百几十
                ├─ 除数是一位数的除法 ──┤          └─ 例3 一位数除几十几
                │                      └─ 笔算除法
                │
                │                      ┌─ 口算除法 ┬─ 例1 整十数除整十数
                │  (四上)              │          └─ 例2 整十数除几百几十的数
                └─ 除数是两位数的除法 ──┤
                                       └─ 笔算除法
```

图7-1-1

我们从以上的编排结构图中可以看出，在小学阶段，整数口算除法的教学集中在二、三、四年级，主要分成三大块状结构：一是表内除法，二是除数是一位数的口算除法，三是除数是整十数的口算除法。而本节课要学习的除数是整十数的口算除法，它是在学生学习了表内除法、除数是一位数的口算除法的基础上进行教学的，是小学阶段整数口算除法的终点课，也是笔算除数是两位数除法的起点课。通过以上的纵向分析可见，新课引入时，表内除法、除数是一位数口算除法的内容成为新课引入的必选内容。

二、凸显过程结构，厘清口算除法的本质

一般情况下，学生在学习数学知识的时候所应用的数学方法基本相同。比如，"除数是一位数的除法"和"除数是两位数的除法"这两个单元的口算除法，教材中均呈现了两种常用的口算方法：一种是用表内除法计算（转化成相应的计数单位），另一种是根据被除数和除数的关系计算（即想乘算除）。所以，在新课教学时，我主要通过对比和迁移丰富学生对类结构特征知识内涵的整体认识和结构把握，从而提升学生分类、比较、概括的思维能力。

1. 迁移，"构"出算法

当学生看到例题1的算式"80÷20"时，他们会迅速调用大脑中已有的信息，应用学过的除数是一位数除法口算的算法进行计算，大多数学生会用"0不看"方法进行口算。于是，教材中右边呈现的像"8÷2=4"的算法就成了大多数学生理所当然的选择。这样的直接迁移如果没有结合例题情境深入思考的话，部分学生受除数是一位数口算除法（0不看，再添0）的影响就会产生负迁移，即出现"80÷20=40"的错误。但是，通过结合教材情境图和直观对比"80÷20=40，80÷20=4"，他们又会自觉利用教材左边呈现的算法"4个20是80"判断"80÷20=40"是错误的，从而再次迁移算法，即可以想乘（整十数乘一位数）算除，从而初

次建立这种整十数除整十数、几百几十数的口算除法的算法表象（被除数和除数都要同时去掉一个0）。

2. 对比，"构"出算理

知识与知识之间是紧密联系的，而且很多知识的呈现方式都是相同或者相似的。比如，除数是整十数的口算除法的计算原理与除数是一位数的口算除法相同，它们之间算法结构的相似点在于都是转化成"几除以几"，直接应用乘法口诀进行计算，不同点在于除数是一位数的口算除法在计算时只要把被除数转化成几个几（十、百、千等计数单位）；而除数是整十数的口算除法是同时要把被除数和除数转化成几个几（相同的计数单位）的形式，这里把除数转化成几个十就成了理解新知的增长点。因此在算法和算理的沟通中，教师可设计以下三组题目让学生进行聚类分析和对比分析：①计算150÷5，150÷50；②计算150÷50，1500÷50；③计算153÷50，150÷47。学生在聚类分析中发现这些题目都是用"三五十五"这句口诀进行计算，通过对比分析发现，第一组题被除数都是转化成"15个十"，所以150÷5根据平均分的含义可以得出商是"3个十"，150÷50必须把50也转化成"5个十"，这样根据包含除的意义得出商是"3个一"；第二组题主要是让学生明确要把被除数和除数转化成相同的计数单位再用口诀计算；第三组题主要是让学生明确除法的估算其实就是转化成类似的除法口算。这样依次展开三组题目的计算，学习除数是整十数的口算先回顾除数是一位数的口算，再沟通被除数是几百几十甚至是几千几百的形式，最后又把口算和估算进行有效的沟通。这样引导学生在交流中加强各种算法的比较，沟通各算法之间的联系，自己总结算法，让学生逐步领悟算理，实现由明确算理到熟悉算法的自然过渡。

以上通过迁移和对比抓住了并列与相关知识间的横向联系，进行口算除法的横向整合，形成对被除数是整十数、整百数、整千数和几百几十（几千几百）数，除数是一位数和整十数的口算除法的"算理"结构，构建口算除法的网状结构，加深对口算除法算理本质的深度理解。

三、渗透方法结构，促进思维的深度关联

《数学课标（2022年版）》对小学阶段整数乘、除法计算的最高要求是：能计算三位数乘两位数的乘法，三位数除以两位数的除法。人教版整套教材整数乘、除法的教学内容安排，如表7-1-1所示。

表7-1-1

二年级	表内乘法，表内除法、有余数的除法
三年级	多位数乘一位数，除数是一位数的除法、两位数乘两位数
四年级	三位数乘两位数，除数是两位数的除法

纵向块状分析可见："表内乘法（乘法口诀）"的学习是所有整数乘除法教学的基础；"除数是两位数的除法"是小学学习整数除法的最后阶段，即除数是整十数的口算除法也是小学学习口算除法的最后一个内容。横向点状分析可见：表内乘、除法的口算都是依托乘、除法表示的意义直接应用乘法口诀进行计算的；口算是诸多运算中的一种最基本的运算，是一种最直接、最常用的简便计算；除法笔算的过程，也是多次运用乘法口算和减法口算的过程。所以掌握整数加、减法口算的关键是学会凑整（凑十法，凑整百、整千等），掌握整数乘、除法口算的关键是学会分析算式特征，应用乘法口诀。因此，教师在设计教学时就要用系统的观点、结构化的思想来构思，利用抽象、舍去对象的一些非本

质属性以后所形成的一种纯数学关系结构来解读教材、设计教学，让学生在学习知识的过程中逐渐形成结构化的思维。

由此可见，结构化教学不仅要引导学生感悟数学知识之间的显性结构，还要让学生领悟方法的形成中存在的隐性思维结构。教师在教学时要有意识渗透知识结构和方法结构之间的深度关联，从而发展学生的结构化思维，进而提升学生的数学素养。

附：人教版数学四年级上册"口算除法"教学设计

一、教学目标

在分彩旗的情境中借助小棒掌握整十数除整十数或几百几十数的口算方法，并理解算理；能正确进行口算，并能迁移算法掌握类似的除法估算；通过交流探索的计算过程，将除数是一位数的口算除法，除数是整十数的口算除法进行对比联系，懂算法、明算理，渗透结构化学习能力；利用多种练习形式提高口算技能，培养学生的迁移类推能力，促进思维结构化。

二、教学过程

1. 初次建构，联系旧知

（1）我会口算。

$20 \times 5=$　　　　　　　　　$4 \times 9=$

$8 \times 60=$　　　　　　　　　$7 \times 8=$

$24 \div 6=$　　　　　　　　　$42 \div 6=$

$270 \div 3=$　　　　　　　　　$400 \div 5=$

总结算法：都可以利用乘法口诀进行计算。

（2）我会说理。

270÷3=   4000÷5=

① 交流：你是怎么思考的？

② 反馈：27个十除以3是9个十，400里面有5个80。

[**设计意图**：课始就把知识线往前延伸，从用乘法口诀可以解决的表内乘、除法和一位数除整十整百数的口算除法引入，唤起学生已有的口算除法的知识经验，既复习了旧知，又很自然地为新知的学习做好了铺垫。]

2. 二次建构，理解算理

（1）创设情境。

① 理解题意：有80面彩旗，每班分20面，可以分给几个班？

② 自主列式。

（2）探究算理。

① 独立探索：80÷20怎么算呢？想一想，算一算。

② 汇报：20×4=80，所以80÷20=4；"0"不看，8÷2=4，所以80÷20=4。

③ 思考："0"不看是什么意思？

④ 表征：借助图示和小棒说理。

⑤ 反馈：学生算理的解释情况。

⑥ 小结：80÷20不看"0"，就是8个十除以2个十等于4。这样我们就把除数是整十数的除法转化为我们已经学过的表内除法。

（3）尝试估算。

① 出示：83÷20≈   80÷19≈

② 思考：这两道题应该怎么计算？

③小结方法：把被除数和除数都看作与原数比较接近的整十数，再用口算方法算。

[设计意图：借助分彩旗的情境和小棒实物图，先让学生凭已有经验感知，根据已有的知识表象归纳抽象出算法。接着让学生借助小棒解释算理，学生边操作、边思考，在想算法和明算理的过程中，将动作表征与语言表征相结合，最后在描述算理中抽象出算法（直接0不看，想口诀），从而主动建构口算除法的知识链。]

3. 三次建构，沟通算理

（1）计算并比较150÷5和150÷50。

①比较：这两个算式的计算过程有什么相同的地方？

②交流：学生针对问题进行小组讨论。

③汇报：小组派代表汇报。

④小结：原来除数无论是一位数还是整十数，都可以利用乘法口诀解决，但口诀里的"三"在两个算式里却表示不同的意义。

（2）计算比较150÷50和1500÷50。

①比较：你发现区别了吗？

②尝试解决：重点解决1500÷50怎么算。

③发现：1500是15个百，在这里要把它转化成和除数相同的计数单位，即150个十（150个十除以3个十等于5个十）。

④比较异同：被除数转化的计算单位要和除数相同才能直接除。

（3）估算并比较153÷50≈和150÷47≈。

①尝试计算：你能自己解决吗？

②解释算理：说说你为什么这么算。

③总结方法：把被除数和除数都看作与原数比较接近的整十数，再

用上面的口算方法算。

（4）对比联系。

生生交流：比较三组题的计算方法，你发现了什么？

[**设计意图**：通过三组口算除法题目的比较，学生在计算讨论中形成技能、发展思维，构建口算除法知识前世、今生和未来的联系，形成知识体系。]

4. 四次建构，深化联系

（1）完成课本练习。

① 课本第71页做一做1，2。

② 课本第72页做一做5，7。

（2）下面括号最大能填几，你是怎么想的？

20×（　　）<82　　　　　　　　（　　）×70<455

80×（　　）<610　　　　　　　79×（　　）<640

[**设计意图**：在括号里最大能填几的题型把知识向后拓展延伸，学生利用前面学过的口算经验分析判断括号里最大能填几的过程，其实就是试商的过程。这样的练习设计不仅沟通口算与估算的联系，而且渗透口算除法与笔算除法的联系，将学生的思维融入了除法计算的知识结构体系中。]

第二节　理结构　善联系　精表达

教师要引导学生学会架起"旧知"通向"新知"的桥梁，并跨向"未知"的入口，需要把握每节数学课新知的来龙去脉，熟悉每一个模块数学知识的结构体系，落实有联系地教。如此，学生才会迁移旧知、学习新知，对每个知识点的学习都能从"似曾相识"到"真正领会"自然过渡。现以人教版数学四年级上册"画垂线"一课为例，谈谈我对如何沟通数学知识点之间联系的一些思考。

一、课前联系：寻找垂直的影子

学习是学生基于原有知识经验的自我建构，原有的知识基础和经验对新知的学习具有重要作用。课前联系，就是要唤起学生在学新课前与新知学习有关的知识储备。所以，要了解学生"头脑里已经有了什么"，教师就要熟悉每一册、每一单元、每一课时的教学内容，在充分了解学生旧知系统的基础上再确定"怎么教"。

例如，在教学画垂线这个知识点时，教师应先熟悉"图形与几何"

这一模块中"垂线"知识的"生长点"。浏览整套人教版小学数学教材，我发现学习画垂线前，其实学生已经多次看过垂线的样子，最早发现垂线的"雏形"是在一年级上册的《认识图形（一）》中，学生从"线在体上"发现长方体和正方体相邻的两条棱都是互相垂直的。接着一年级下册的《认识图形（二）》中，学生从"线在面上"看到了长方形和正方形相邻的两条边也是互相垂直的。因此，相邻两条边（棱）互相垂直的样子早已在学生的头脑中留下了印象。真正和垂直有直接联系的知识点是在二年级上册《角的初步认识》中，学生认识了直角，正式从直角的符号看到直角的两条边是互相垂直的，这也是他们首次借助三角尺画直角（垂直）。所以，这时候的直角符号给学生再次留下了垂直的印象。到了三年级上册，学生系统研究了长方形和正方形边及角的特征，认识了长方形和正方形的4个角都是直角。这个时候，学生初次会借助三角尺的直角边判断角的两条边是否互相垂直，教师应引导学生会用三角尺的两条直角边和长方形的长、宽是否重合来表述自己判断直角的过程。教材还要求在方格纸上画长方形和正方形，因此，学生在这个阶段会"依样画垂直"，即懂得利用方格纸中的每个小正方形的4个角都是直角来画长方形和正方形。至此，学生虽然都没真正听过"垂直"，但是"垂直"的样子对他们而言已经不陌生了，甚至悄悄地"会画"了。

由此可见，一至三年级时"垂直"是隐藏式、零星出现的，而到了四年级，和垂直有关的内容是集中出现的：四年级上册第三单元《角的度量》，学生借助量角器判断直角（垂直）和画直角（垂直）；第五单元《平行四边形和梯形》的第一课时，"垂直"的概念正式登场，学生从视觉和听觉上正式认识了"互相垂直"，第二课时才侧重从触觉上让学生应用已有经验正式画垂线。

二、课间沟通：归纳垂线的画法

学生头脑中的知识结构组织得越好，就越有利于保存和应用。教学中，我们应认真分析构成这一知识点各元素之间的关系，按照知识内部结构和学生认知实际，科学设计教学过程。教师要引导学生善于用数学语言将分散、孤立、已有的数学知识点串联起来，形成知识体系，从而加深对所学知识的理解，做到举一反三、触类旁通，"串"出新知。

"画垂线"一课，横向看可把画垂线分为两个层次。第一个层次是学生自画互相垂直的两条直线，第二个层次是过一点画已知直线的垂线，分为点在直线上和点在直线外。纵向来看它们都有一个共同的本质就是所画的两条直线必须相交成直角。因此，课始我就提出问题"什么样的两条直线互相垂直"，让学生回顾上节课的知识，用数学语言来表述互相垂直的概念。学生通过"说垂直"，从听觉上抓住只要两条直线相交成直角（90°）就互相垂直。接着我再提出问题"你们能画出互相垂直的两条直线吗？"，以此激活学生的已有经验。学生都能联系前面学过的知识，至少会用一种方法（一副三角尺、一个三角尺或量角器）来画互相垂直的两条直线。接着，我让学生展示、交流画互相垂直的两条直线的过程，然后让同桌之间互相验证，听、说、做结合，最后让学生用数学语言总结：不管是画还是判断两条直线是否互相垂直，只要看这两条直线是否相交成直角就可以了。随后，我按教材呈现的两种情况让学生画垂线：过直线上一点和过直线外一点画垂线。这与前者的区别是，后者要学生画的另一条垂线受到了已知直线和点的限制，这也是难点所在。为了提升学生的作图能力，我提出一个关键性的问题让学生思考比较：说一说过直线上一点画垂线和过直线外一点画垂线的方法有什么相同之处。学生在分享、讨论、交流的过程中概括出画垂线的步骤。如此，通过比较作图过程、梳理作图经过、表述作图方法，学生能够联系、沟通所学知识点，静心感受数学知识点之间的关联，从而感悟垂直的本质和画垂线的方法之间的联系，在对话中生成精准的作图方法。

三、课后延伸：渗透"高"的概念

数学的知识教学要强调数学知识的整体性和结构性，还要兼顾它的延伸性。"图形与几何"模块中，掌握垂线的画法对后续平行四边形、梯形、三角形的高的学习起关键性的作用。因此，在练习环节，我把习题进行适当"加工"，既沟通旧知又促进学生发现知识的"延伸点"。

以课本练习十的第9题为例（图7-2-1），我将书上出现的让学生在图形中画垂线的练习，通过变换表达方式，悄然渗透图形"高"的概念。

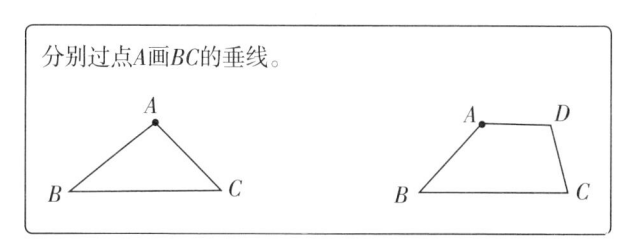

图7-2-1

如上图，分别过点A画BC的垂线，其实就是过直线外一点画已知直线的垂线。由于受到BC边以外其他边的干扰，这里的画垂线让部分学生觉得困难起来。为了让学生更清楚地发现刚才所学知识和现在要解决的问题之间的联系，我们可以先隐去其他边，只留下BC边和点A，让学生头脑中迅速提取刚学的知识。学生回顾作图步骤，结合作图过程说一说，从而感受其作图的实质。这里，学生从直线外的一点过渡到从图形的顶点作垂线，已经初次架起向三角形和梯形画高的"桥梁"。

综上所述，我把"画垂线"这个"小知识点"放在整套教材这个"大结构"中进行联系与对比，让学生联系旧知识学习新知识，同时加强对作图过程的"说理"，增加作图的思维含量，让学生既会准确作图，又会准确表述作图过程，达到操作与表达的和谐统一。

附：人教版数学四年级上册"画垂线"教学设计

一、教学目标

通过观察、作图、对话交流等活动，学会用三角尺准确地画垂线，结合画垂线的过程学会使用规范的数学语言表达作图过程；变换画垂线的方式，感悟垂线的多种表征方式，体会数学知识之间的联系，培养观察能力和作图能力，初步建立空间观念；通过学习活动，养成良好的学习习惯，感受到数学知识之间的多向联系。

二、教学过程

1. 唤醒印象中的垂直

（1）谈话，激活旧知。

师：什么样的两条直线我们可以说它们互相垂直？（引导学生规范描述"互相垂直"的概念。）

（2）操作，加强联系。

找一找：指出三角尺上互相垂直的两条边。

说理：这两条边的夹角是90°，也就是直角，所以是互相垂直。

（3）点题，提出挑战。

师：你现在能画出互相垂直的两条直线吗？这节课我们一起学习研究如何画垂线。

[**设计意图**：课始先用谈话引出垂直的概念，再让学生动手找垂线，从语言和视觉两方面唤起学生对垂直的已有印象，既让学生回顾了旧知，又为新知的自主探究做了铺垫。]

2. 探究如何画垂线

（1）初步尝试，描述本质。

① 感知画法。

师：你能画出互相垂直的两条直线吗？

想一想、画一画：让学生独立尝试画互相垂直的两条直线。

说一说：为什么画的这两条直线是互相垂直的？

② 对比观察。

师：为什么用三角尺或量角器可以画出互相垂直的两条直线？（引导学生联系旧知说出：不管用三角尺还是量角器，其实就是要使画的这两条直线相交成直角。）

③ 改一改：同桌互相验证，修正出现的错误。

[**设计意图**：教师放手让学生自主画垂线，充分调动了学生原有的知识经验。学生通过"想一想""画一画""说一说"等学习活动，在"想"的过程中激活脑中已有的知识点，在"画"和"说"中感受到画垂线的实质就是让两条直线相交成直角。同桌互改的环节从另一个角度加深了学生对垂直的判断。本环节为教学"过一点画垂线"积累了经验。]

因循结构　培育素养
——小学数学"结构化"教学的探索

（2）自主作图，尝试概括。

① 学习过直线上一点画已知直线的垂线。

首先，教师利用学生已有经验，将旧知与新知串联起来。一画：先画一条直线。二点：在直线上任意点一点。三思：学生独立思考过这一点如何画这条直线的垂线。四画：尝试用三角尺过直线上一点画垂线。五说：说一说过直线上一点，用三角尺画垂线的步骤。其次，投影再现作图过程，规范表述作图步骤。教师选择有代表性的学生上台展示作图过程，并引导学生在交流中补充、纠正和概括作图步骤等。最后，教师结合课件演示，提升作图要点：一合，二移，三画，四标。

[**设计意图**：在教学"过直线上一点画已知直线的垂线"时，教师分步引导学生参与画垂线，在"画、点、思、说"的过程中激活学生已有的作图经验，通过观察、操作、归纳与概括，将碎片化的知识整合起来变成这节课的一个新知。可以说，此时方法的总结及操作的准确性提升水到渠成。]

② 学习过直线外一点画已知直线的垂线。

师：刚才我们已经会过直线上一点画已知直线的垂线，现在如果这一点跑到直线外面了（课件演示：善变的点），那么，你们会过直线外这一点画这条直线的垂线吗？

首先，学生根据教材例题图独立作垂线，并尝试说作图步骤。其次，学生汇报，归纳总结过直线外一点画已知直线的垂线的方法。最后，教师提炼作图步骤。教师课件动态演示，不管已知的点在直线外的哪个位置，常规作图都可按照"一合、二移、三画、四标"这四个步骤来进行。

（3）沟通对比，归纳要点。

师：同桌交流，说一说过直线上一点画垂线和过直线外一点画垂线的方法有什么相同之处。

［**设计意图**：学生通过迁移已有的画图经验，把新知变成旧知，自主探究过直线外一点画已知直线的垂线，并以"善变的点"为抓手，在充分感知、操作的基础上比较两种画垂线的方式。联系旧知后，学生的言语表达系统立刻被激活，概括画垂线的一般方法、步骤也自然达成。本环节为后面学习画各种平面图形的高打下良好的基础。］

3. 巩固画垂线

（1）教材上的"做一做"。过直线（横着、斜着的直线）上的点画垂线，过直线外的点（点在上面、下面）画垂线。

（2）练习十第9题。对于作图有困难的学生可以借助课件先隐去其他边，只留下BC边和点A。

［**设计意图**：通过不同层次的练习，学生在练习过程中不断加深对画垂线方法的理解和掌握，提升作图能力，以及辨析、归纳和概括能力，发展空间观念。练习十第9题其实就是画三角形和梯形的高的雏形。］

4. 沟通联系性

（1）回顾：本节课我们学习了画垂线，怎么画的？要注意什么？

（2）总结画垂线的方法。

（3）拓展延伸：尝试画平行四边形的两条高。

［**设计意图**：教师通过小结，引导学生梳理本课所学知识，通过沟通与联系、归纳与提炼，让学生明确画垂线的本质及方法上的共性，并把新知迁移到平行四边形中。学生直观感知从平行四边形的一个顶点出发向对边画垂线和过直线外一点画已知直线的垂线的通性，把新知延续到下一阶段的学习中。］

第三节 "精"导 "善"问 "主"学

自主学习能力是人持续发展的重要能力。引导学生学会自主学习，是教师的重要任务。在备课过程中，教师可以设计课前导学单，让学生在导学单的引导下主动先学，培养学生自主学习力。下面，我以人教版教学四年级上册"四边形间的关系"一课为例，谈谈"导学单"的导学策略。

一、导在衔接处

由于数学知识的系统性和严密的逻辑性，新旧数学知识之间具有千丝万缕的联系。数学教学活动必须建立在学生的认知发展水平和已有经验基础之上。因此，找准新旧知识的连结点、生长点，在新旧知识的衔接处设置问题为学生自主学习搭建桥梁就显得格外重要。

本节课内容是通过回顾已学过的四边形，引导学生探讨长方形、正方形和平行四边形之间的关系，进一步从平行的角度认识长方形、正方形边的特征，然后引导学生比较各种四边形的特征，着重从对边是否平行思考分类，由此用集合图表示出它们之间的关系。本节课是建立在学生完整认识所有特殊四边形的特征的基础上进行教学的。学生在三年级上册认识了四边形的概念，同时认识了长方形和正方形的特征，接着就是本单元认识平行四边形和梯形的特征。为了唤起学生已有的知识，让学生懂得把已学、零散的知识梳理成完整的知识系统，培养学生分析、归纳、概括的能力，我们在导学单的开头可以设计这样的问题："我们认识了哪些四边形？这些四边形各有什么特征？"这样的导学设计抓住了学生的逻辑起点，能够直接唤起学生对学过的四边形的回忆，引导学生独立把学过的四边形的特征回顾一遍，在新知（厘清四边形之间的关系）和旧知（已学的四边形的特征）之间架起沟通的桥梁，直抵教学核心。这样的导学要求难度不高，每个学生都能独立分析、思考，写出自己记忆中的四边形的名称及特征，带来成就感，同时又为新知的学习厘清了知识脉络。学生有了这样的提前思考，教师在上课时就可以组织学生直接汇报。因为导学单是让学生在课前独立完成的，规避了课堂上集体交流的干扰，学生个体的元认知会尽情地释放出来，呈现多元认知。实际教学时，教师要注意避免对学情的"一刀切"，应抓住学生的"特殊学情"进行有针对性的教学，让每个学生对四边形的种类和各自的特征都能理得清清楚楚。

这样的问题导学，让学生在课前对所学知识进行独立分析、探索，通过学生先学、先思，厘清零散的知识点（每个特殊四边形的特征），使得新知的学习更有针对性，节省了课堂时间，可以给学生提供更多自主学习的可能。

二、导在重点处

教学重点是学生必须掌握的基础知识与基本技能，也可以称之为核心知识。在新知的重点处进行导学，将重点内容逐次呈现，学生的自主学习经历"既见树木又见森林"的过程，既让学生易于接受新知，又能构建知识网络，为学生理解本课教学重点提供清晰的思考路径。

如何弄清楚正方形、长方形和平行四边形之间的包含关系是理解用集合图表示四边形间的关系的关键，也是本节课学习的重点。我们在导学单中可以设计这样的问题："你认为哪个四边形比较特殊？为什么？"这种答案开放性的问题，可以培养学生初步分析问题和解决问题的能力。因为学生在说出自己心目中的"特殊四边形"后，在回答"为什么"时需要经历把所学过的特殊四边形的特征进行分析、辨别、甄选的思考过程。这样，学生经过课前独立思考，可以对即将学习的重点内容有一个初步的了解，提前演练说理。课上汇报时，教师再给学生充分的时间和空间，学生上台就能清晰准确地描述相应图形特殊的地方在哪里。教师可以以学生的身份站在台下用心听，大胆放手，不做评价，适时发问，让学生尽情地说出自己认为的特殊四边形的"特殊之处"。

这样的问题设计从课前（导学单中的问题）到课中（教师适时发问）逐步深入，具有层次性和可操作性，能兼顾不同层次的学生，让不同层次的学生都能有话可说。学生在"自己辨"与"众人辩"的过程中经历"求同存异"的过程，明白了正方形的四条边相等也可以看成对边相等，正方形、长方形的对边相等且四个角都是直角也可以看成对边平行且相等，所以正方形和长方形可以看成特殊的平行四边形的道理。

三、导在疑难处

学生不易理解的知识，或不易掌握的技能、技巧是教学的难点。在学生自主学习的时候，特别需要加以导引突破，否则将影响学生对新知识的理解和对新技能的掌握。因此，在导学单中，教师要在知识点的疑难处设置导学内容，让学生主动探究新知，尝试突破疑难点。

用集合图表示四边形间的关系是本节课的难点。厘清已学四边形之间的联系与区别，在知识的辨析对比中沟通知识之间的内在联系，突出同一类图形的本质特征，对于四年级的学生来说是比较抽象的。所以，我们在导学单中可以分两个层次引导学生思考：①按一定的标准对学过的四边形进行分类，并用你喜欢的方式表示出来。②把自己的分类方法和书上的集合图进行对比，你有什么疑问或需要补充的地方？由于有了一定的"学前基础"，学生一般会用表格、文字或画图进行分类，但是无论哪种方式都没办法达到书上用集合图进行分类那么全面、系统。要想在课堂上突破难点，教师可以依托导学单的反馈情况进行针对性的教学。例如，根据以往的学情分析，大多数学生会把四边形都聚焦在专门研究过的特殊四边形即长方形、正方形、平行四边形和梯形上。大多数学生只对这四种特殊的四边形进行分类，而且只从并列关系（种和种之间）进行分析，如把正方形、长方形分为一类，平行四边形分为一类，梯形分为一类；或者把平行四边形、长方形、正方形分为一类，梯形分为一类。也就是说，大多数学生还不会从包含关系（从种到属之间）进行分析。因此，实际教学时教师要在学生汇报时相机收集几个用类似集合图雏形进行分类的学生作品投到大屏幕上，让学生把这些表示方法和书上的集合图进行对比，然后提出疑问和补充的意见。有了前面的预学基础，学生就会把展示作品中的"缺陷"和自己的"纠结点"一一提出来，如为什么长方形的圈里要包着正方形？为什么最外面的圈是四边形？为什么平行四边形、长方形和正方形在同一个圈里？梯形的圈里还

因循结构　培育素养
——小学数学"结构化"教学的探索

可以写"直角梯形"和"等腰梯形"吗？菱形要写在哪里？学生在讨论、分析这些问题的过程中经历相互启发的过程，书上集合图的完整呈现和完美延伸就水到渠成了。

通过这样的导学引领，学生把三年级学的知识（正方形是特殊的长方形）、四年级学的知识（平行四边形的对边相等、梯形只有一组对边平行）和课外学的知识（菱形的四条边相等）整合成集合图，培养了遇到问题大胆尝试、敢于质疑，主动提出问题和解决问题的能力。

"教是为了不教。"教师是学生学习的重要引导者，需要引导学生不断去发现、提出、分析与解决问题，这样才能有效培养学生的自主学习能力。教师根据学生的学习，在教学内容的关键处精准设计导学问题，让学生在导学内容的引领下善理、善思、善问，不仅可以增强学生学习的自信心，还可以提升学生自主学习的能力。

附：人教版数学四年级上册"四边形间的关系"教学设计

一、教学目标

通过导学单回顾长方形、正方形、平行四边形、梯形的特征；经历自主探究的过程，独立梳理学过的特殊的四边形的特征；通过分类、比较、归纳等多种方式，理解平行四边形、梯形、正方形、长方形之间的关系；培养自主学习能力。

二、教学过程

1. 展示汇报，了解先学

（1）我会说。

① 同桌交流：学生把自己写的四边形说给同桌听。

② 集体汇报：请几个学生把学过的四边形名称板书在黑板上。

（2）我会思。

① 小组交流：每个人至少说一个图形的特征。

② 交流反馈：对于每个学生说的图形的特征你有什么补充或修正？

③ 全班展示：小组推荐导学单写得比较全面完整的学生上台展示。

[**设计意图**：导学单中的学生资源极具丰富性和差异性，课始鼓励学生大胆说，让学生在交流的过程中把自己的原始思维暴露出来，为新知教学做好铺垫。]

2. 统整知识，反馈自学

（1）全班交流。

① 呈现：让学生介绍自己找出的特殊的四边形。（教师适时调控课堂，尽量让有不同见解的学生呈现想法。）

② 辨析：引导学生从边和角的特征去分析这些四边形特殊的属性。（侧重引导学生说出长方形和正方形可以看成特殊的平行四边形的道理。）

（2）展示分类。

让学生上台展示自己的分类依据和分类结果（尽量每个大组选一个学生上台展示，最多展示4个学生，展示时尽量选取分类标准不一样、分类结果表示方式不一样的学生）。

（3）大胆质疑。

学生上台展示时，其他学生要边听边想。

① 思考：他分类的标准和我一样吗？分类的结果和我一样吗？谁的表现方式更清楚。

② 反馈：说说这样分类的理由，在同学的建议下指出需要修正的地方。

因循结构　培育素养
——小学数学"结构化"教学的探索

（4）统筹分析。

① 比较：这几个同学的分类结果，你喜欢谁的分类方法，为什么？

② 思考：哪种分类方式更简洁、明了。

③ 质疑：提出困惑并补充意见。

[设计意图：当学生从自己理解的角度出发找出特殊的四边形后，学生分类时就有了"依据"。导学单中出现的分类方法，无论对错，都是可以"放大"的学习资源。学生把自己的分类方法与别人的分类方法进行对比，面对自己的困惑，在与别人比较的过程中重新梳理自己的分类依据，不断优化、衍生新的集合图。学生有了前期的思考和质疑，在课堂上结合语言表征与图形表征，不断完善对用集合图表示四边形之间关系的深层次理解。]

3. 合作共学，当堂巩固

（1）说一说：完成练习十一第7题。教师引导学生按照图形中字母的排列顺序有序表达。

（2）判一判：完成练习十一第13题。教师引导学生说出判断的依据。

（3）摆一摆：完成练习十一第8题。教师用课件动态展示两张纸随意交叉摆放图形的过程，重点让学生说出重叠部分是什么图形的依据。

（4）量一量：完成练习十一第9题。让学生分工测量这些四边形每个角的度数。交流、讨论，推理得出结论。

[设计意图：有了导学单的导引，课堂上的教学内容更有针对性，留出时间检测学生学以致用的能力，利于学生深刻理解四边形间的关系。]

4. 激活后学，深化联系

推荐课后阅读数学绘本《谁是四边王国的王子》。

第四节　多维沟通　以"学"促"思"

基于学教翻转的"微辅助教学"能充分发挥学生的自学潜能,课前借助微视频等辅助手段进行自主学习,丰富学生的认知和生活经验,解决现有发展区的问题。课堂教学时,教师根据学生课前自主学习的困惑及发现的问题进行深入教学,解决学生最近发展区的问题,促进学生思维的发展。那么,如何在学生现有发展区与最近发展区之间铺设一座"桥梁",提高学生的思维品质,进而提升他们的数学素养呢?现以人教版数学四年级上册"公顷的认识"为例,谈谈我在教学实践中的具体做法。

一、先学,重在启思

学生善于提出问题是创新能力的重要表现,是引领学生深入思考的新起点。微辅助教学强调课前"自学课本""微课辅学",以及参与必要的实践活动,其目的在于发挥学生学习的积极性、主动性,让他们与文本对话,初步理解教材的知识与方法,培养阅读能力、自学能力,进

因循结构　培育素养
——小学数学"结构化"教学的探索

而在初步获取知识与技能的基础上，提出自己的思考与疑惑，生成新的问题。在这一过程中，教师也并非无所作为。首先，教师对学生自主学习提出明确的要求，如遇到重点词句标上重点号、写出自己的问题（包括自己的困惑与已经理解的问题），并让学生完成教师结合本课核心知识点提出的思考问题及布置的实践任务。其次，结合教材的重点、难点及学生的疑惑处制作微视频，为学生学习提供必要的帮助。

例如，在本课教学中，课前教师提出"1公顷有多大？""1公顷等于多少平方米？"这两个核心问题引导学生自主学习。针对学生忽视面积单位间的联系及对"公顷"这个较大的面积单位缺乏丰富的感性经验的情况，教师制作微视频辅助学生学习。微视频主要分为三个部分：第一，复习学过的面积单位。第二，介绍"鸟巢""水立方"等占地面积，让学生对公顷面积单位的大小有初步感知。第三，明确边长100米的正方形面积是1公顷，联系实际感悟1公顷的实际大小，探索1公顷=10000平方米。微视频将静态的教材动态化，并且可调控、可重复，能适应不同层次学生学习的需要，甚至家长也能通过视频学习，帮助个别学习有困难的学生。教师还可布置学生课前参与分组测量教室的面积、同学手拉手围成正方形的面积（28名，约100平方米）、操场的面积、校园的面积，丰富学生对不同面积大小的实际感知，激活学生思维，产生探寻"哪些地方土地面积是1公顷""周围熟悉的广场的面积是多少公顷"的强烈欲望。

总之，学生的先学并非对教材知识的简单记忆，而是在微课辅助下，与文本对话，参与实践活动，积极动脑，主动思考，实现对知识的自我建构。学生借助原有认知结构对新知识进行同化与顺应，初步掌握知识、形成技能，产生新问题，从而进行深入思考与探索。

二、导学，旨在"深"思

学生先学了，还需要教师教吗？答案是肯定的。学生通过自主学习一般只能解决现有发展区的问题和书本的浅层问题，而最近发展区的问题和书本的深层问题却有赖教师的指导教学。提高性教学是实现知识性课堂转向智慧性课堂的关键。微辅助教学课堂倡导教师的"导"，不同于一般意义上的"教"，即非知识层面的传授，而是在知识理解的深度、思维的创造性、思想方法的引领等方面下功夫，将知识的传授引向智慧的启迪，促进学生深度思考。

1. 检测自学，还原建构过程

课始，教师可通过纸笔测试或口头提问的方式，了解学生自学效果。检测不是简单地考查学生对数学知识结论知多少，更重要的是着力还原课前学生对数学知识的建构过程，收集学生自学过程中已经学会的知识点、学习的疑难点及存在的问题，找准学生学习的起点。例如，在本课教学中，教师可通过提问、交流等方式，让学生初步举例体会1公顷的大小，了解学生是否建立1公顷的正确表象；让学生自主说出为什么"1公顷=10000平方米"，经历单位进率的推理过程。对于实践记录单的反馈，教师不是让学生简单地汇报每个场所的面积，而是让学生说说是怎么得到这些面积的。例如，一庹的距离大约是1.5米，每边7位同学，边长大约是10米，28名同学手拉手围成的正方形面积大约是100平方米。总之，检测不仅可以了解学生对知识掌握的结果，还可以了解学生的学习过程，并在相互交流中，强化学生的数学理解和有意义建构。

2. 丰富体验，深化知识理解

学生课前自主学习所获得的知识还是比较浅层次，需要在课堂上加以巩固、理解、内化和深化。对于四年级的学生来说，他们完全有能力从文字上"抽象"理解1公顷的大小，但受到场地的限制，没法在"形象"上感知1公顷的大小。这就需要教师引导学生找准参照物，通过多层次的对比、估测等丰富的体验活动，帮助学生建立1公顷的表象。教学时，教师可联系课前估测的教室、操场等身边熟悉的场所面积，分别估一估、算一算多少块这么大场所的面积约是1公顷，再让学生结合卫星图片对比、估测周边熟悉的生活场地面积，最后让学生直接估测学生熟悉的某小区面积等。这样由易到难，从直观到抽象，从实物到想象，与身边熟悉的参照物进行对比，形成对1公顷实际大小的深度体验，发展学生的空间观念，促进学生直观想象与抽象思维能力的发展。

3. 沟通联系，形成认知结构

"简约·智慧"数学教学，关注教"结构"，强调联系性，注重把学科知识看作一个有机的整体，以突出学科知识的内在联系。为此，教师教学中既要引导学生沟通知识前后的联系，形成知识链，又要从中找寻其不同点，厘清各知识要素，帮助学生把握知识体系的核心和关键。例如，在教学中，在学生反馈"边长100米的正方形面积是1公顷"之后，教师启发学生思考——与平方米、平方分米等面积单位一样，可以用正方形的面积来定义1公顷的大小，从而沟通公顷与其他面积单位之间的联系，体会数学规定的一致性。由此启发学生提出问题：边长10米的正方形面积是多少呢？教师适时补充介绍"1公亩=100平方米"，为学生及时答疑解惑。虽然"公亩"不作为小学数学教学的内容，但通过教师补充介绍，面积单位形成更完整的知识链条（边长1米的正方形面积是

1平方米；边长10米的正方形面积是100平方米，即"1公亩"；边长100米的正方形面积是10000平方米，即"1公顷"），这样相邻两个面积单位间的进率都是100，为学生理解1公顷等于10000平方米"理"出了结构。

4.感悟方法，促进能力提升

方法比知识更重要。教师要善于挖掘数学知识背后隐藏的思想方法，引导学生观察、分析、比较、归纳、抽象、概括，并有意识地帮助学生对数学思想方法进行梳理、总结和提升，促进学生思维能力的发展。例如，在本课微视频中，教师可先呈现之前学习过的"边长是1米的正方形面积是1平方米"等，启发学生类比和联想"边长是多少米的正方形面积是1公顷"。例如，课末进一步启发学生思考：比公顷更大的面积单位是什么？怎样确定1平方千米的大小？为后续学习平方千米做了良好的铺垫，培养了学生类比推理的能力。公顷是一个比较大的面积单位，学生缺乏直接的体验，较难建立表象，这时就需要靠数学的思考——推理来解决问题。例如，将1公顷的大小转化成若干教室、边长100米的正方形、操场等学生熟悉的场景来充分感知和理解。教学中，教师要引导学生总结归纳这种"化大为小，以小见大"的转化方法，提升学生的数学思维水平，提高学生解决问题的能力。

三、测学，贵在反思

检测题设计要体现当前教学改革的趋势，符合国家对培养什么样的人的要求，注重考查学生对小学数学核心知识、核心技能的理解和掌握情况，尤其是学生收集与分析信息的能力、综合运用所学知识解决实际问题的能力以及对数学思想方法的理解与掌握程度。通过当堂检测，反馈教学效果，激励学生学习和改进教师教学。例如，在本节课的当堂检

因循结构　培育素养
——小学数学"结构化"教学的探索

测中，让学生估算熟悉场地的面积及几个这样的场地是1公顷，注重联系学生的实际，注重考查学生分析、比较、推理的能力。通过检测反馈，教师引导学生反思学习存在的问题与不足，并进一步分析与对比，培养学生的反思性思维能力。

总之，基于学教翻转的"微辅助教学"，因为有了先学，课堂上就有更充裕的时间，引发学生深度思考，检测反思，促进学生思维水平的提升。

附：人教版数学四年级上册"公顷的认识"教学设计

一、教学目标

结合微视频让学生了解常用的土地面积单位公顷，在迁移、类比中体会1公顷的实际大小，知道1公顷=10000平方米，并会进行简单的单位换算；结合实例让学生经历观察、比较、想象、归纳、交流等数学活动的过程，形成1公顷的初步表象，发展学生的空间观念和数学思维；让学生积累建立面积单位表象的基本活动经验，进一步感受数学与生活的联系，对学生渗透事物是相互联系的观点，培养学生会学善思的思维品质。

二、自学辅学

1. 自学课本，观看微课

自学要求：①阅读课本第34页，遇到重点词句要画上横线或标上重点号，写出不明白的问题。②观看微课，思考：1公顷有多大？联系生活说说1公顷的大小。1公顷等于多少平方米？说说你是怎么想的。

［设计意图：学生课前阅读书本、观看微课，把书上静态的文字描述变成动态的图形演变，让学生把书上的"文"（文字描述）和微课中

的"形"（场地对比）及"数"（数据变化）有机联系起来，初步从视觉上感受1公顷的"大"。］

2. 合作实践，感知"场地"

完成表7-4-1。

表7-4-1　实践活动记录单　　　　　　　　　记录人：

测量小组	测量场所	长（m）	宽（m）	面积（m²）
第一小组	教室			
第二小组	28名同学手拉手围成的正方形			
第三小组	学校操场			
第四小组	校园			

说明：长、宽测量结果保留整米数。

［设计意图：面积单位表象的建立离不开学生的"视觉"和"触觉"体验，课前实践活动让学生以"平方米"这个基本面积计量单位合作测量的过程中，从"视觉"和"触觉"上体验各种大场地到底有"多大"。］

三、教学过程

1. 交流分享，问题导学

（1）交流反馈，初步感知。

师：通过课前自主学习，对于公顷，你已经知道了什么？

预设：①边长为100米的正方形面积是1公顷；②1公顷=10000平方米；③结合例子说明1公顷大小。

引导：为什么1公顷=10000平方米？

设疑：边长10米的正方形面积是多少？

教师补充介绍公亩（平方十米，已废止），延伸介绍公顷的另一个

因循结构　培育素养
——小学数学"结构化"教学的探索

名称（平方百米）。

问题：身边熟悉场所的土地面积是1公顷或几公顷？

［设计意图：本环节主要是检测学生先学的效果，沟通之前学过的面积单位的联系，推算1公顷=10000平方米，引导学生从"量"和"形"两个方面建立了1公顷的概念，并启发学生提出问题，激发学生进一步深入思考。语言是思维的外壳。学生交流自主学习过程中对1公顷产生的"印象"，让少数学生的"言传"促发多数学生再次达到"意会"的层次。］

（2）合作探究，深化体验。

① 反馈课前测量并计算的教室、运动场、校园、28个同学手拉手围成正方形的面积，说说这些场地面积与1公顷的大小关系。

② 出示卫星图片，以学校为参照，估测身边商场、幼儿园的面积是多少公顷。

③ 估测学校附近某小区的面积是多少公顷。

［设计意图：学生通过课前测量、计算教室面积等获得的面积大小体验，结合卫星图片想象周边熟悉的生活场地，从直观到抽象再到想象对比，通过这两个层次不同的估量比较活动，深入体验1公顷的大小，真正建立1公顷的正确表象，提高分析、比较的思维能力。］

2. 解释应用，当堂测学

（1）基础练习，巩固认识。

课本第36页第2～4题。

［设计意图：结合实际场景进行单位换算练习，引导学生体会单位间的联系，了解故宫等景点的常识性知识。通过计算标准游泳池的面积，并进行推算，进一步帮助学生积累1公顷的基本活动经验。反馈时，

教师可通过典型的"析错",让学生"知其然"且"知其所以然"。]

（2）及时检测,拓展提升。

出示漳州市实验小学及周边地图,提示:漳州市实验小学胜利校区的占地面积大约1公顷。

① 请找出周边你熟悉的场地,并估算这个场地的面积。

② 估一估几个这样的场地面积大约是1公顷。请写出你的思路或推算过程。

[**设计意图**：通过深层次考查,了解学生是否建立1公顷的正确表象及估测推算能力,并引导学生对比,提升学生的反思力。通过这样的检测能够去伪存真,提高课堂的实效性。]

3. 沟通联系，完善认知

（1）师：今天我们共同认识了面积单位家族中的新成员——公顷,它有个别名叫什么？（平方百米）我们一起把认识过的面积单位"排排队"吧！

预设：学生按从小到大排列,按从大到小排列,按面积单位之间的进率排列（图7-4-1）。

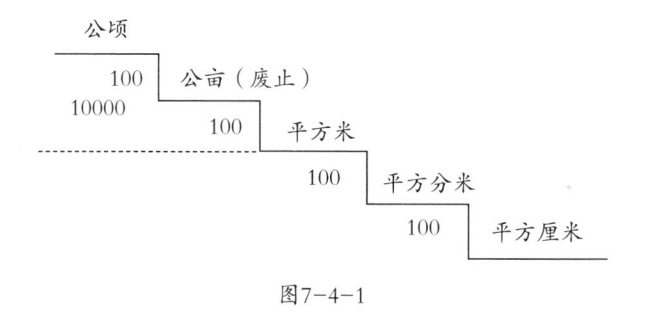

图7-4-1

因循结构　培育素养
——小学数学"结构化"教学的探索

师：想一想，还有比公顷更大的面积单位吗？（平方千米）

师：多大的面积是1平方千米？

师：这就是下节课我们要讨论的问题。

（2）布置先学作业：阅读书本第35页，并观看微课"平方千米的认识"。

[设计意图：通过对所学面积单位进行排排队的形式，学生可以养成及时把知识点"串"成"线"的良好学习习惯，并由此类比推理1平方千米的大小。这样的小结也为下节课的"先学"开辟了绿色（简约高效）通道。]

第五节　结构化助力学生量感发展

量感中的直观感知，主要聚焦在客观事物的大小、长短等与物理属性有关的计量问题上。图形的测量重点是确定图形的大小。学生经历统一度量单位的过程，感受统一度量单位的意义，基于度量单位理解图形长度、角度、周长、面积、体积。相比于图形的长度、面积等，对于"角的大小"的认识，常成为教师培养学生量感的一大盲点。史宁中教授曾表示，几何的本质在于度量，度量的本质在于两点间的距离，面积、体积、角的大小都涉及两点间的距离。因此，教师在进行与角度相关的教学时，理应紧扣"测量本质"，引导学生借助具体的测量活动形成直观的概念，发现与认识"平行线的等距性质""三角形的内角和等于180°""对顶角相等"等。这不仅有助于学生养成用定量的方法认识和解决问题的习惯，更好地解决日常生活中的各种测量问题，而且对学生抽象能力、推理意识、应用意识的发展都起到推动作用。基于此，现以人教版数学四年级下册"四边形的内角和"一课为例，立足测量的本质，探索培养学生量感的教学之路。

因循结构　培育素养
——小学数学"结构化"教学的探索

一、梳理结构，寻找量感培育点

"四边形的内角和"的教学内容，对应的是人教版数学四年级下册第五单元《三角形》最后一课时的例7，即探究四边形的内角和是多少度。教师可结合学生已有的学习经验，从"显性的知识结构"和"隐性的认知基础"两个方面展开分析，寻找教学的切入点。

对于学生已积累的显性的知识结构，主要考虑两条主线：第一条主线是学生在一至四年级已学习了研究四边形特征的知识与方法；另一条主线是学生在二至四年级已学习了角的种类及角的度量等知识（图7-5-1）。结合结构图，教师应明确学生要顺利探索四边形的内角和，综合应用已学的四边形的知识和角的知识是关键。因此，教师所创设的教学活动要能有效地引导学生迁移已掌握的数学思想方法，让学生在新旧知识的联系中发展认知结构，完善度量体系。

学生已具备的隐性的认知基础，则主要有两方面：一是前一节课积累的求三角形内角和的操作经验，即初步掌握了"量""算""剪""拼"等探究方法；二是知道三角形的内角和是180°，也就是说，当学生看到一个三角形时，不再只关注它有三条边、三个角，而是会结合"三角形的内角和是180°"，用定量的方法来认识它、探索它。因此，教师在教学中引导学生回顾和灵活运用"锐角、直角、钝角、平角、周角及三角形的内角和是180°"等与角度有关的概念及相关度量经验，是学生准确认识与度量四边形的内角和的必备前提。运用旧知探索新知的过程，既让学生学会灵活运用已具备的量感经验与方法，又进一步培养学生的量感。

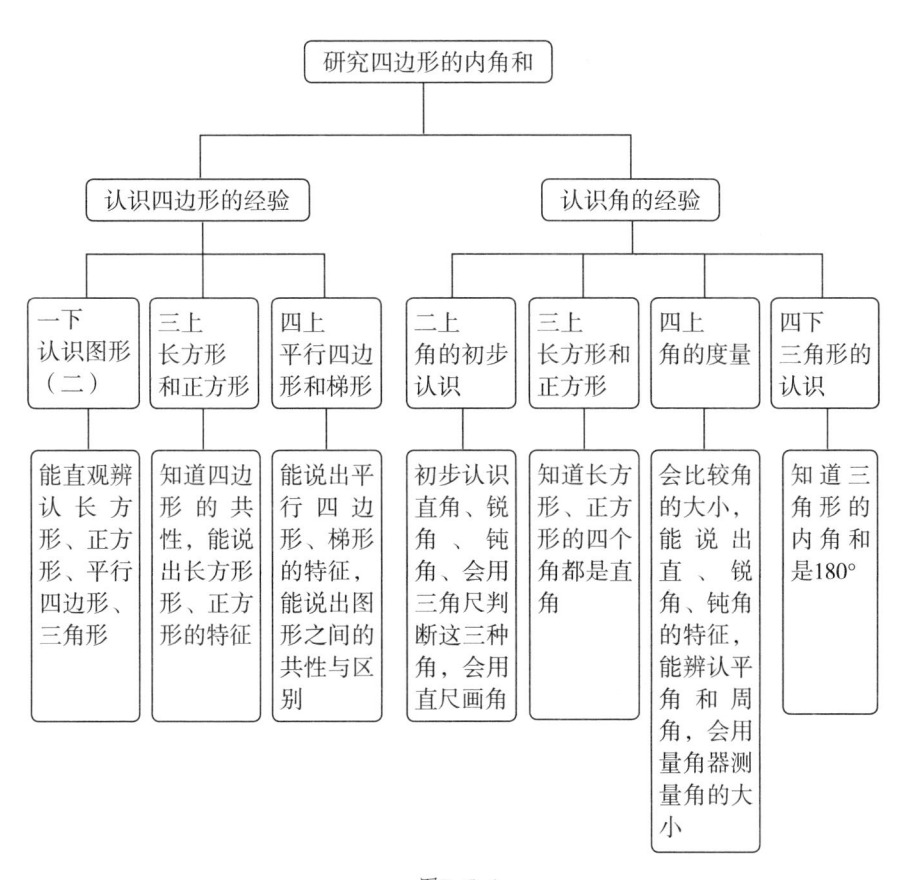

```
                        ┌──────────────────┐
                        │ 研究四边形的内角和 │
                        └──────────────────┘
                         ┌────────┴────────┐
                ┌────────────────┐  ┌──────────────┐
                │ 认识四边形的经验 │  │ 认识角的经验 │
                └────────────────┘  └──────────────┘
```

一下 认识图形（二）	三上 长方形和正方形	四上 平行四边形和梯形	二上 角的初步认识	三上 长方形和正方形	四上 角的度量	四下 三角形的认识
能直观辨认长方形、正方形、平行四边形、三角形	知道四边形的共性，能说出长方形、正方形的特征	能说出平行四边形、梯形的特征，能说出图形之间的共性与区别	初步认识直角、锐角、钝角、会用三角尺判断这三种角，会用直尺画角	知道长方形、正方形的四个角都是直角	会比较角的大小，能说出直、锐角、钝角的特征，能辨认平角和周角，会用量角器测量角的大小	知道三角形的内角和是180°

图 7-5-1

结合以上内容，本节课的教学目标可分为两部分：一是围绕学生已有的"角的度量"概念，组织学生自主探索，让学生在直观操作活动中经历判断、推理、分析、概括等数学思维活动；二是引导学生在建构和研究与角度有关的结构化知识过程中，自主解决四边形的内角和问题，进一步发展学生的量感、空间观念等核心素养。

二、关联结构，助力量感初步形成

心理学研究表明，学生头脑中的知识结构组织得越好，就越有利于知识的保存和应用。《数学课标（2022年版）》指出，注重教学内容与核心素养的关联。教师在引导学生探索四边形内角和的问题时，要把握好其与"角的度量""各种特殊角的大小"等内容的内在关联，为学生进一步感知"角的大小"，发展量感提供"脚手架"。基于此，教师可依循"问题引领—求解验证—建立模型"路径，创设教学环节。

1. 问题引领，唤醒度量经验

"四边形的内角和是多少度？"，这个题目的表述比较特殊，即条件和问题都在同一句话里，并且没有出现数字信息，学生难以找到解决问题的突破口。教师不妨先设置一组"问题串"，通过问题引领，帮助学生逐层解析题目信息与意图，探明解题思路，唤醒学生已有的数学经验。

比如，教师先提出问题一"读完例题7，你们有什么想问的"，以一个开放性问题激发学生的问题意识，让学生勇于提出自己的疑惑与不解。这一环节也能让教师更好地了解学生的思维水平，为后续的教学调整提供依据。当有学生提出与"这里要研究的四边形是指哪些四边形？"有关的问题时，教师就可以抛出问题二"我们学过的四边形可以分为哪几种？"并让学生在头脑中建构四边形的种类，从而初步统整一至四年级学过的四边形知识。事实上，学生通过想象或联想的方式在脑海里再现图形的大小、形状等，是培养学生量感的一种重要方法。当学生关注到"这些四边形虽然都有4个角，但每一种四边形的4个角都不一样（有的4个角都是直角，有的是2个钝角、2个锐角，有的是3个钝角、1个锐角，有的是3个钝角、1个锐角）"时，教师就可以呈现第三个问题"这些四边形的内角和是不是都一样的？"唤醒学生对钝角、锐角、直角的相关认知与度量经验，将四边形的内角和与以前学过的四边形的种类及角的认识联系起来。这三个问题层层递进，既能引发学生的认知冲突，又能充分提取学生的前概念记忆，为其接下来探究与合理得到"四边形的内角和"提供认知基础。

2. 操作交流，多维建构量感

亲历度量过程，直观体验事物的可测量属性及大小，是培养学生量感的必要环节。要使学生准确感受与体会"四边形内角和是360°"这个"量"，教师就要让学生在数学活动中充分发挥视觉和触觉的交互作用，在具体且真实的体验中不断增强直观感知。由于四年级的学生已具备一定的度量经验与认知基础，大部分学生在看到长方形和正方形时，能够凭直觉快速算出它们的内角和为360°（四个直角相加所得）。所以，在分析与操作环节，教师应着重引导学生探索非正方形和长方形的四边形（如平行四边形、梯形、普通四边形）的内角和。

教师可以先按小组为学生提供4个图形，如1个平行四边形（菱形）、1个梯形（直角梯形、等腰梯形）、2个形状大小不同的普通四边形，让每个学生随机选一个四边形独立探究，再进行小组交流，分享自己研究的图形、度量的方法和得到的结果。之后，教师请每个小组推荐一名学生进行汇报，要求后面上台汇报的学生，要么所选择的图形和前面学生所选择的图形不同，要么是同一种图形但必须有不同的研究方法。最后，教师提出两个核心问题引发学生思考：①为什么他们的方法不同，但都能表示四边形的内角和？②为什么有的四边形那么大，有的那么小，可是他们的内角和一样大？前一个问题意在引导学生对比与联

因循结构　培育素养
——小学数学"结构化"教学的探索

结各种探究方法之间的共通性，让学生在观察、比较、分析中对四边形内角和的本质并形成深刻体会，感受到图形的内角和与角的度量有着密切关系。后一个问题则是让学生在观察、比较、思考中，将"角的大小和边的长短无关"和"四边形内角和是360°"建立横向的认知关系，初步感知与四边形内角和大小相关与不相关的要素，体会正确度量四边形内角和的方法，增进对四边形内角和都是360°的直观感知。

三、拓展结构，在对比中发展量感

学习结果与教师对教学内容的处理和组织（即教学内容知识）有比较大的关系。最关键的是教师对教学中相同点与不同点、变与不变内容的呈现和处理。学生在研究多边形的内角和时，如果每次求"内角和"都只是把"每一个内角"重新测量再相加，这样的学习就达不到"触及本质"的效果。因此，在回顾与反思环节，教师可再次依托开放性问题"这些方法你最喜欢哪种，为什么？"引导学生从多角度进行辨析，体会"测量法"和"剪拼法"都不如"分割法"来得简便易算（"测量法"容易产生误差，"剪拼法"在多数情况下不容易操作），让学生初步感知度量方法不同会引起误差，学会选用合理的度量方法来得到结果。

教师可以利用多媒体技术，让学生通过观看动态的课件演示，在丰富形象的视觉感受中巩固所学。比如，教师在教学中借助画图软件拉动图7-5-2中四边形的任意一个顶点，改变任意一个内角的度数，让学生观察四个角的度数总和（电脑程序会自动提供各个角的角度数据），最终发现四个内角的和始终是360°。将任何一种四边形内角的"变"与内角和的"不变"的过程可视化，能进一步深化学生对"四边形内角和是360°"的直观感受。考虑到"三角形内角和是180°"这个"量"的建立是后续研究多边形内角和的基础，教师还可以借助画图软件，演示"分割法"验证的方便性。比如，教师在教学中出示图7-5-3，并随意拉动该四边形的两个顶点，变化其形状，让学生观察任何一个四边形都可以分割成两个三角形。这个动画演示不仅能让学生感受到用"分割法"度量多边形的内角和的广泛性，而且能增强学生对"三角形内角和是180°"的印象，从而意识到可将"三角形的内角和"作为一个新的度量单位去探索多边形的内角和。教师拓展学生头脑中关于"角的度量"的认知结构，能为学生今后学习探究几何中与"角"相关的问题打下坚实基础。

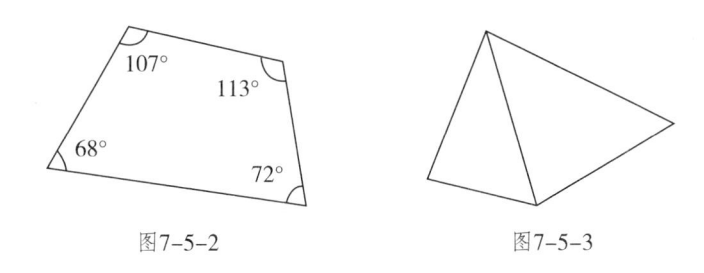

图7-5-2　　　　　　　　图7-5-3

附：人教版数学四年级下册"四边形的内角和"教学设计

一、教学目标

在例7的阅读理解中复习与整理四边形的种类，知道要解决的问题，培养发现问题的能力；在探究四边形内角和的过程中经历观察、操作、思考、比较、质疑、反思的过程，渗透转化及分类验证的方法，培养量感和推理意识；体验数学探究活动的乐趣，感悟合作交流的必要性，增强学好数学的信心。

二、教学过程

1. 游戏引入，激活量感

教师引导学生回忆三角形内角和是多少度。学生观察并解决问题："三角形剪掉一个角还剩几个角？各是什么角？"教师引出主题：四边形内角和是多少度？

2. 阅读题目，提出问题

阅读引导：读完例7，你有什么想问的？

（教师提取关键词：四边形、内角、内角和度数。）

教师提问：看到四边形，你想到了哪些图形？是不是所有的四边形的内角和都是360°？

3. 动手操作，建立量感

（1）独立探究。学生动手操作并记录探究过程。

（2）组内交流。以四人小组为单位，学生在组内交流自己探究的图形种类和度量的方法，并提出自己在验证过程中遇到的问题与困惑。

（3）全班汇报。教师适时在黑板上整理出学生汇报的四边形种类和研究方法。

（4）归类验证。教师引导学生对探究的四边形进行归类，并集体讨论是否每一种四边形都已研究。

4. 动画演示，培养量感

师：我们是怎么证明所有四边形的内角和是360°的？（①回顾过程：用了哪些方法证明？你最喜欢哪种方法？②动画演示：电脑是怎么用"测量法"和"分割法"证明四边形的内角和是360°的？）

5. 学以致用，促进生长

教师布置任务"做一做"：你能想办法求出图7-5-4这个多边形的

内角和度数吗?

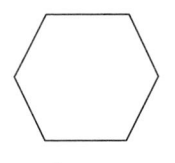

图7-5-4

6. 分享收获，提出疑惑

通过这节课的学习你有什么收获？还有哪些疑惑？（师生归纳总结。）

第八章 结构化教学课例分析

本章导读：小学数学的各个内容领域都是按照数学的科学体系和儿童认知发展顺序建立起来的统一体，具有高度结构化、系统化的特点。因此，教师在备课时要站在整体、系统和结构的高度把握、审视和处理教学内容，重视知识的前"延"后"续"，用"问题"引领学生体验数学知识的发生、形成、发展、运用过程，培养学生的结构化思维。

第一节　回顾反思　完善结构

——"负数的认识"教学实录与评析

一、教学内容

人教版数学六年级下册第2~4页。

二、教学目标

（1）在熟悉的生活情境中初步认识负数，了解负数的作用，理解生活中负数的具体含义，能正确地读、写正数和负数。

（2）理解并掌握"0既不是正数也不是负数"的结论，知道数可以分为正数、0、负数。

（3）初步学会用正数、负数表示生活中的两个具有相反意义的量，提高数学应用能力。

（4）感受正数、负数和生活的密切联系，并结合负数的历史，激发民族自豪感，培养学生对数学史的兴趣，建立科学的数学观。

三、教学重点

掌握正数和负数的读法和写法，知道0既不是正数也不是负数，理解生活中负数的具体含义。

四、教学难点

理解正数、负数表示日常生活中的两个具有相反意义的量。

五、教学准备

课件、Flash交互动画、温度计、课堂任务清单。

六、教学过程

（一）开门见山，唤醒经验

师：同学们，今天我们一起来认识负数。（板书：负数的认识）见过负数吗？会写吗？每个同学在课堂练习本上写3个负数。

师：说一说，你写的负数长什么样子呢？

生：我写的负数是-300，-0.5，$-\frac{3}{4}$，都有一个和减号一样的符号。

师：哦，你根据以往的学习经验，叫它减号，懂得迁移。其他同学呢，你们觉得这是什么符号？

生2：负号。

师：看来这个同学有备而来，减法算式中的减号在这里叫作负号。观察老师写的负数跟你们的有什么区别吗？

师：看，原来负数不仅有整数的形式，还有分数和小数的形式。

师：你会不会读这些负数？这列同学"开火车"把这些负数读一读。

学生读负数。

师：听明白了吗？谁说一说负数是怎么读的？

生：老师，负号读成负，剩下的跟原来一样。

师：（红笔描边"负"，黄笔描边"数"）读负数的时候，先读"负"，再读"数"。

[设计意图：开门见山，让学生根据已有的知识经验读、写负数，这样的开场充分唤醒学生已有的知识经验，并大胆暴露经验误区，师生共同修正，在迁移中提升。]

（二）仔细观察，提出问题

师：老师把这些数的负号都去掉，它们就变成我们以前学习过的数，它们都是——

生1：整数。

生2：正数。

师：我们以前学过的整数、分数、小数，在这儿都叫作正数。

师：老师要在正数前面再添一个符号。（板书：+）

师：还是正数吗？

生：还是。

师：这个符号叫什么？

生：正号。

师：太聪明了，刚才我们知道减法算式中的减号在这里叫负号，加法算式中的加号，就叫作正号。读正数的时候，先读"正"再读"数"。刚才没有正号时是正数，现在有了正号时还是正数，说明正号在书写的时候可以——

因循结构　培育素养
——小学数学"结构化"教学的探索

生：省略不写。

师：看来以前学习的这些数都是正数，它们都省略了正号。

师：那负数的负号可以不写吗？

生：不行。

师：不写就成了——

生：正数。

师：我们已经知道了负数的读法和写法，认识了正、负号。关于负数，你还想探究它的哪些内容？

生1：负数是怎么计算的？

师：哦，负数的计算，把它记录在探究清单上。

生2：正数和负数它们分别代表的意义是什么？

师：正数和负数的意义。

生3：负数在哪里出现过？

师：他想知道的是生活中的负数。

生4：负数的大小。

师：负数的大小比较。

师：你们提了那么多问题，老师也来提两个问题：负数的产生和发展，0与正数、负数的关系。

师：哇，同学们想研究的内容这么多，提出问题的能力很强，掌声送给自己。老师最近很喜欢一句话：问题让学习发生！我们提出了这么多问题，就跟着问题一起让学习发生吧！先来聊聊生活中的负数。

[设计意图：第一层次，从学生已有正数的读、写经验入手，通过辨析正数、负数的读法和写法进行对比联系，让学生初次感受正数、负数显性层面的区别。第二层次，从学生已有的正数经验入手，提出想了

解的关于负数的知识点，提供这样开放式的问题情境，学生不仅提出本节课需要解决的问题，甚至提出了第三学段才要解决的问题，既培养了学生发现问题的能力，更激发了学生学习的动力。问题源于学生的内需，这样的提问让学习更有目的，更能凸显学生是学习的主人。]

（三）激活经验，初步感受

师：生活中在哪里见过负数呢？

生：温度。

师：你们见过负数温度吗？

生：见过。

师：在哪见过负数温度？

生：有一些地方很冷，它就是零下几度。

师：表示零下就有负数温度了，在哪儿还见过负数温度呢？

生：在冰箱上。

师：在冰箱门上见过吗？老师也找到了，2012年某一天武汉和长沙的天气预报。你们看得懂吗？武汉这一天的最低气温是——

生：-3℃。

师：-3后面的单位读作——

生：摄氏度。-3℃就是零下三摄氏度。

师：哦，他还知道-3℃就是零下三摄氏度。（板书：-3℃）

师：长沙这一天的最高气温是——

生：3℃。

师：我们在天气预报、温度计、冰箱门上都找到了负数，还在哪见过负数呢？

生：老师批改考卷，错了的时候。

师：你觉得这里的扣分也是负数，是吗？

生：在账单上的支出与收入。

师：这个时候负数用什么单位？

生：元。

师：你们见过负几元？

生：-160元。（教师板书：-160元）

师：在账单上见过-160元，你们在这个上面见过吗？这是什么东西？

生：存款。

师：这个东西叫存折，有同学知道吗？这些同学见多识广，现在我们看见的大多是银行卡，对吧。存折上的数字你看得懂吗？+2000元表示——

生：存入2000元。

师：你怎么知道是存入2000元？

生：上面写了加号就是存入，而2000元前面有一个加号。

师：这个符号叫——

生：正号。

师：如果存折上出现-160元表示——

生：支出160元。

（教师板书：支出）

师：那如果出现了160元表示——

生：存入160元。

（教师板书：存入）

师：还在哪见过负数？老师提醒你们，一定在电梯里见过，电梯里出现过——

生：-1层，-2层。

师：请问-2层在这栋建筑的什么位置？

生：就是地下停车场。

（教师板书：地下）

师：-2层再上去是——

生：-1层。

师：-1层再上去是——

生：1层。

师：1层再上去是——

生：2层。

师：2层就在这栋建筑的——

生：地上了。

（教师板书：地上）

[设计意图：通过说生活中见过的负数激活学生的生活经验，学生通过交流互相启发，基本都能说出生活中见过的三种负数的例子，如温度、账户、楼层中见过的负数。然后让学生结合生活中负数的例子，引导学生初步讨论每个负数的实际意义，初步沟通0、正数和负数的关系，从而培养学生用数学的眼光观察生活、从数学的角度思考问题，并会用数学的语言描述生活中应用负数的例子。]

（四）画图表示，交流完善

师：好了，同学们都有一双善于发现的眼睛，发现了生活中那么多的负数。老师从黑板上挑两个负数——-2层和-3℃，接下来进行一个四人小组的讨论活动，说一说，这两个负数表示什么意思呢？

因循结构　培育素养
——小学数学"结构化"教学的探索

学生积极讨论。

师：讨论结束了吗？我们班同学很有意思，讨论时不光用嘴，还有一部分同学做动作表示地面以下2层，也就是-2层。这个动作很有趣，这个动作有没有帮助你们解释-2层呢？

生：有。

师：在数学上会用什么方式来帮助我们表达？

生：画图。

师：画示意图。下面我们进行第二个活动，你能画示意图来表示-2层和-3℃吗？请听两个要求：每个小组中老师左手边这一列同学画-2层，右手边的同学就画-3℃。示意图画在学习卡的背面，动笔开始。

学生活动。

师：已经画完的快速讨论一下，你对同桌的示意图有什么看法？可以提出质疑，也可以进行补充。

师：看老师收集的作品。这是谁的作品，请你上台。你是怎么表示负2层的。

生：我是以这条线为地面，地面是0，0上面就是1，就是1层，0下面就是-1层，-1层下面就是-2层。你们对我的作品还有什么看法吗？

师：有意见吗？画得不错，掌声送给他。

师：老师特别欣赏他的一个地方，你们猜猜是什么？

生：0，就是那条横线，1和-1那条交界线。

师：1和-1中间他画了一条什么？写了什么？

生：地面。

师：地面重要吗？有了地面我们就能认得出这个是-2层了。

师：那地上2层呢？我们就用谁来表示？

生：2层。

师：再看，这层是-1层。它在——

生：地面以下1层。

师：谁注意到他刚才说的地面是——

生：0。

师：太好了，我就喜欢数学课上有数学的语言，地面实际就是数学上的0，老师再给他重重地加上一笔。老师给这个同学的作品打上金牌。

师：再看，这幅是谁的作品？这么多人举手，大家画的都一样吗？你们画的都是温度计。谁来说说这个同学是怎么表示-3℃的？

生：这个同学通过温度计的方式表示的。把温度表示出来，可以看到以0为分界，0以下的就是低的温度，而她要表示的-3℃就是从0以下表示的，表示零下3℃。她还画出1℃，就是要表示0以上是正数，0以下是负数。所以说这个-3就是在0以下的。

师：哇，这个同学是不是偷偷听到了我的心里话，她把我要说的都说啦。她说什么了，你们听到了吗？这位同学可不是多此一举画了1℃，为什么画了1℃？

生：想表达0以上的数就是正数。

师：0以下的呢？

生：就是负数。

师：那0是什么？

生：正与负的分界。

师：0表示什么呢？

生：正数和负数的分界线。

师：是的，请坐。

因循结构　培育素养
——小学数学"结构化"教学的探索

师：老师给这幅作品也评上金牌。但是你们知道的，老师有一个习惯，金牌之上，还有一个更高级别的S级温度计。

Flash出示温度计。

师：观察老师的温度计，大家发现不同的地方了吗？这个温度计3℃和-3℃都写着3℃，你分得清吗？

生：可以。

师：请看，这个表示的是——

生：3℃。

师：零上还是零下？

生：零上。

师：那这个温度呢？表示什么？

生：表示零下3℃。

师：难怪刚才有的同学用-3℃来表示零下3℃。

师：看-3℃和3℃表示的意义刚好——相反。

师：瞧，黑板上的支出和存入、地上和地下、零下和零上……这些量，表示的意义正好——

生：相反。

师：它们都是相反意义的量。为了表示两种相反意义的量，需要用两种数，也就是今天学习的正数和负数。

[设计意图：通过让学生"画眼中的'负数'"，激活学生的元认知，展示时教师看到了形态各异、丰富多彩的"负数画"，虽然不够标准，但是在他们的图上基本都能找到一组相反意义的量的影子。接着通过学生间作品的互相完善，学生更进一步理解0是正负的分界。这样的教学形式初步培养学生会用数学的语言来表达现实世界。]

（五）巩固运用，抽象数轴

师：学习卡上也有一些要用正数、负数来表示的量，请看。请快速完成第一题。

学生练习。

师：说说你这样填的理由。

生1：悉尼时间是以北京时间为标准的+2时，伦敦时间是以北京时间为标准的-8时。

师：注意到她的表达中一个很重要的词，这些时间都是以谁为标准？

生1：北京时间。

师：那老师换一个，如果以巴黎时间为标准，伦敦时间是几时？

生2：-1时。

师：为什么是-1时？

生3：因为它比巴黎时间晚了1个小时。

师：表达得真清楚，掌声送给两个同学。看来，我们在用正数和负数表示相反意义的量的时候，标准是会发生变化的。

师：快看，老师的温度计在我们谈话的时候急不可耐要变形了！瞧，它是怎么变的？看清楚了吗？你能在上面填上这些数吗？

师：我刚才看到这名同学填得很不错，请她说一说。你先填了哪个数呢？

生：我先填了0，因为填正数和负数是以0为标准。

师：有了这个标准，你就可以填出3在0的——

生：右边3格。

师：-5就在0的——

因循结构　培育素养
——小学数学"结构化"教学的探索

生：左边5格。

师：那-3.5呢？

生：在0的左边3.5格。

师：看，老师把数搬到数轴上了，请问0与正数、负数的关系你们知道了吗？

师：0属于正数吗？0属于负数吗？所以0——

生：既不是正数也不是负数。

师：0是正数和负数的——

生：分界点。

[设计意图：本环节的练习设计，一是围绕生活中的负数，巩固正数和负数表示相反意义的量的具体运用。二是通过温度计的认识，横放温度计并去物理化，让学生初步了解数轴，初步形成小学阶段数的认知结构。]

（六）回顾梳理，拓展延伸

师：刚才我们聊了很多关于正数、负数和0的问题，老师迫不及待想回头看看探究清单，我们解决了其中的几个问题？正数和负数的意义，生活中的负数，0和正数、负数的关系。一节课时间毕竟是有限的，剩下的问题我们就留到以后的学习中去探究吧。

师：现在老师想带大家了解一段令人骄傲的历史。我国古代的人民领先于其他国家的人民率先发明和使用负数，简直是……老师制作了一段快闪视频，不要眨眼，我们一起经历这段值得骄傲的历史。

播放视频。

师：负数从一开始用不同颜色的算筹表示，到用斜杠表示负数，再到在数字头上画点、数字前面画箭头表示，最后才是我们现在使用的样子。原来数学并不从来都是我们现在看到的面貌，数学的概念、符号、表达方式经常是在动态变化中发展的。希望在以后的数学演变中，你们也能像我国古代人民一样为之贡献力量。

[**设计意图**：让学生回顾课前提出的学习清单，知道已经解决的问题和还没解决的问题，并进行分析，这样的小结形式简单有效，学生通过简单的回顾清单，再次梳理本节课学习的知识点，把本节课学习的关于负数的知识脉络梳理清晰，并知道有些问题没办法在本节课里完成，让学生带着疑问和悬念进入下一阶段的学习。利用信息技术把负数的发展史放在更加宏大的背景下，不仅融入了教材上介绍的负数发展史，还扩充了负数的演变史。]

（七）总评

1. 经验让学习真实有效

（1）试写负数。

课一开始，教师先基于学生的已有学习经验让学生试写负数，学生在"试写负数"的过程中沟通减号、加号和负号、正号的区别与联系，这样通过迁移旧知让学生初步经历了把"未学先知"的知识抽象概括成本节课认识的第一个知识点——能正确读、写正数和负数，这个过程简单、自然、有效。

（2）试说负数。

人教版数学教材在导入时提供了具体研究负数的现实模型——温度，新授时采用存折上的收入、支出数据，让学生体会两种相反意义的量的模型。这两种生活中的负数，多数学生在生活中是见过的，因此，教师提出了"生活中在哪见过负数呢"这一句聊家常的问话，看是平常的一句问话，但在此情此景中，却打开了学生记忆的闸门——唤醒学生

因循结构　培育素养
——小学数学"结构化"教学的探索

生活中见过的负数的影子。于是冰箱中的温度、天气预报中的温度、账单上的数据、考卷中的扣分、电梯中的楼层，学生在生活中见过的和负数有关的数据在学生的头脑中逐步呈现。在似懂非懂的状态下个别学生认为考卷中的'-3'也是负数。教师并不急于纠正学生的认识误区，因为这时学生对负数的认识还处于显性的认知状态。

（3）试画负数。

如果说上一环节学生的说负数处于浅层次的认知状态，那么本环节的画负数环节就是将学生的元认知带入深层次的学习。学生凭自己的理解用图的形式直观呈现出来，从学生展示的作品-3℃和-2层基本可以分为三个层次，一种是只用图示表示负数部分的内容，一种是能够在图示中呈现正数和负数部分的内容，另一种是能够在图示中表示出正数、负数和0这三部分。教师能够抓住个别学生的"懂"去引多数学生的"不懂"，这一点儿符合学生的认知规律，在对比分析中逐步完善匡正学生对负数的认识，学生通过对自己所画的"示意图"逐步纠正完善的过程，就是体验正数与负数是一对相反意义的量的过程。于是收入与支出、零上与零下、地上与地下这些表示相反意义的量在学生的头脑中自然而然浮现出来。

2. 问题让学习真正发生

发现并提出问题是学生的权利，也是学生学习的内驱力。导入环节，教师为学生提供了自主提出问题的机会。学生积极地提出了以下几个要研究的问题：负数的计算、正数和负数的意义、生活中的负数、负数的大小比较。当没有出现预设中需要的问题时，教师便"借鸡生蛋"自己提出了两个问题：负数的产生和发展、0与正数和负数的关系。于是在探究清单中出现了6个问题，而其中的四个问题是本节课研究的重点，其他两个问题是学生根据正数的知识经验迁移而提出的问题，是第三学段要研究的内容。教师根据学生的认知经验逐步呈现要解决的问题，负数知识的学习因"问题"而有序"呈现"，这样的以"问"导"学"的方式让学生的学习从内需出发，真正有效。

3. 反思让结构更加完善

迁移与反思是重要的学习能力，引导学生进行迁移与反思，不仅是课堂的重要环节，也是帮助学生积累学习经验的一个重要渠道。综观本节课，如果在快闪视频的前面加上一个课后小结，引导学生回顾本节课所学的知识点，甚至把有理数系的前沿和后续都简约地体现在数轴上，不仅使学生的学习内容更加完善，而且让学生的学习能力得到进一步提升。

负数的认识是小学阶段数的认识的终结课，如果能在课末借助数轴来梳理本节课所学的知识点，从而达到完善有理数的数系结构的目的，这样效果更好。具体做法是先出示数轴的正半轴并显示0，然后再出示数轴的负半轴，将今天认识的负数在数轴的负半轴上一一对应起来，然后引导学生用数学化的眼光观察数轴、深度思考，去发现数轴的负半轴上隐藏的关于负数的知识点。这样利用数轴的正半轴让学生对已有正数的知识经验有一个清晰的回顾，比如以前学的正数有整数、分数、小数，同样今天学的负数也有整数、分数、小数的形式。甚至通过观察数轴能够直观释疑学生课堂产生的疑问：有没有最小的负数和最大的负数？负数也有四则混合运算吗？这样的小结，一是让学生对小学阶段所学的数的认识形成完整的认知结构，二是让学生对第三学段学习有理数的意义和运算产生朦胧的认知。

因循结构　培育素养
——小学数学"结构化"教学的探索

第二节　纵横沟通　凸显结构
——"折扣"教学实录与评析

一、教学内容

人教版数学六年级下册第8页。

二、教学目标

（1）感知"折扣"在生活中的应用，理解折扣的含义，会把折扣改写成十分数或百分数。

（2）掌握折扣问题的解决方法，会把折扣问题转化成分数或者百分数问题，会进行相关计算，灵活解决生活中的折扣问题。

（3）使学生联系已有的知识和经验进行迁移、比较、概括、推理等学习活动，沟通折扣与分数、百分数之间的内在联系。

（4）通过实际应用感受数学与生活的紧密联系，提升学生构建结构化知识的意识，提高学生的学习力。

三、教学重点

理解折扣的含义，将折扣问题转化成分数或百分数问题。

四、教学难点

理解折扣的本质，构建分数计算的纵向联系，完善认知结构。

五、教学准备

课件。

六、教学过程

（一）谈话导入，唤醒"折扣"的经验

师：我们课前已经聊到折扣，关于折扣你有什么印象？

生：在我的印象中，折扣经常出现在商场和一些可以购买物品的地方。

师：还有吗？

生：折扣还出现在天气中。

师：今天第一次出现，现学现卖了。

生：在我的印象中，折扣出现在换季的时候，衣服打折。

师：打折的时候，价格会——

生：下降。

师：谁跟谁比下降了？

生：现价比原价降低了。

师：老师记录下来。（板书：现价、原价）

师：还有吗？你们见过折扣吗？见过几折呢？

生1：见过8.5折。（教师板书：8.5折）

生2：7折。

生3：9.8折。

生4：5折。

生5：我见过9折。

生6：我见过2折。

师：你下课过来找我，我想知道在哪里打的2折。（板书：七折、二折）

师：老师也找到了折扣，请看屏幕。课件播放现实生活中找到的照片。

师：看了视频，折扣在生活中随处可见，所以对折扣我们都有一定的生活经验。那我们一起进入自学环节，把课本知识跟我们的生活经验进行对比融合。

[**设计意图**：折扣表示的意义对于多数六年级的学生来说绝对不是一张白纸，因此通过谈话唤醒部分学生已有的关于折扣的生活经验，拉近数学与生活的联系，为学生的深入学习提供了重要的路径。]

（二）自学课本，理解"折扣"的含义

1. 自学课本，汇报交流

课件出示自学要求：

① 你看懂了什么？请画出重点。

② 思考：书上介绍的"折扣"和你印象中的"折扣"有什么不一样的地方。

③ 提出问题：你还想研究折扣的哪些内容？

2. 汇报交流，展示成果

师：谁来交流自学成果？

生：我知道了几折就是十分之几，也就是百分之几十，如九折就是90%，就是原价的90%。

师：你们都找到这句话了，齐读这句话。

生：几折就表示十分之几，也就是百分之几十。

师：理解这句话吗？

生：理解。

师：在你们的课本上，根据这句话，把七折表示为——

学生动笔写在课本上。

师：谁来说说你的答案？

生：七折等于$\dfrac{7}{10}$，等于70%。

师：大家都一样吗？七折可以写成……也可以写成……那二折呢？跟你的同桌说一说。

学生同桌之间相互交流。

师：二折表示什么？

生：二折表示$\dfrac{2}{10}$或者20%。

3. 回顾过程，沟通联系

师：在这个转化过程中，我们把七折转化成$\dfrac{7}{10}$，二折转化成$\dfrac{2}{10}$，这里的分子哪来的呢？

因循结构　培育素养
——小学数学"结构化"教学的探索

生：分子就相当于七折的那个7。

师：那八折的分子就是——

生：8。

师：九折的分子就是——

生：9。

师：分母呢？

生：分母一般都是10或者100。

师：怎么还有一般？

生：100就是百分之几十。比如七折转化成百分之几就是百分之七十。

师：她的意思就是把$\frac{7}{10}$的分子和分母都乘10就得到$\frac{70}{100}$。也就是七折转化成$\frac{7}{10}$，那这个转化好简单，几折就表示十分之几。

板贴：几折就表示十分之几。

师：谁来试着转化8.5折。

生1：我转化成$\frac{8.5}{10}$。

生2：我感觉8.5折转化成百分数就85%。

师：你同意他的$\frac{8.5}{10}$吗？其他人呢？

师：都同意了？咱们的分数有长这个样子的吗？谁有想法？

生：我觉得可以分子和分母同时乘10，把分数的分子和分母中的小数点去掉。

师：你们有没有这么想？这么思考的请举手。看看，$\dfrac{8.5}{10}$只是写成了一个分数的形式，但它是不是一个分数啊？

学生集体摇头。

师：所以我们习惯会把它再转化成$\dfrac{85}{100}$，就是刚才两位同学的转化方式。$\dfrac{85}{100}$也就是——

生：85%。

师：难怪刚才那句话后面还跟了半句：也就是百分之几十。

师：通过刚才的学习，我们把这里的折扣跟谁联系上了？

生：分数和百分数。

师：七折转化成了$\dfrac{7}{10}$，在这里$\dfrac{7}{10}$表示什么呢？

生1：$\dfrac{7}{10}$表示现价占原价的70%。

生2：$\dfrac{7}{10}$表示现价占原价的$\dfrac{7}{10}$。

师：七折也转化成了70%，70%表示……是不是就是第一个同学的答案。那我们就知道了，七折就表示——

生：现价是原价的$\dfrac{7}{10}$或者70%。

师：想想二折表示什么？

……

因循结构　培育素养
——小学数学"结构化"教学的探索

师：通过刚才的学习，我们已经知道了折扣的含义，你还自学到了什么？课本上有没有跟8.5折一样的折数？

生：有。

师：书本上怎么表示这个折数的？

生：八五折。

师：那3.8折就写成——三八折，4.5折就写成——四五折。

[**设计意图**：通过自学，学生将已有的生活经验与书本知识进行比较融合，架起生活经验与数学知识之间互通的桥梁，通过阅读书上对于折扣概念的表述，从生活知识上升到数学知识的层面，从而在描述几折表示意义的过程中学会用分数或百分数的知识来叙述折扣表示的意义，在几折与分数、百分数的转化讨论辨析中深层次理解折扣的含义。]

（三）结合情境，解决"折扣"的问题

1. 该付多少钱

师：研究完折扣的含义，你们还想研究折扣的哪些问题呢？

生1：折扣在生活中的运用。（教师板书：运用）

生2：为什么称为折扣而不是降价了多少呢？

师：你知道为什么吗？打几折比说降价了百分之几来得更简洁，其实打几折和降价百分之几是一个意思。

生：我还想知道怎么计算原价。

师：他想研究的是计算。（板书：计算）

师：问题让学习发生，我们提出了问题，下面带着问题跟老师一起外出游学。请看视频。

视频播放漳州万达广场实景。

师：走出校园来到漳州万达广场，我们一起进去看看吧。

师：今天是元旦，这里正好在打折，老师准备给我们家的宝宝买一件衣服。

视频场景转换至童装店前的打折信息。

师：这家店正在打折，我们一起进去看看吧。

师：（视频演示老师拿起一件衣服）原价920元，打三折，老师要付多少钱呢？你们能解决吗？

学生独立完成后，教师请学生上台板演。

师：说说你是怎么解决的？

生：打三折就是现价是原价的$\frac{3}{10}$，所以原价乘$\frac{3}{10}$就是现价。（教师板书：原价×$\frac{3}{10}$）

师：有一个小问题，老师希望你自己处理，看看你写的式子。

生：单位名称没写。

师：太棒了，掌声送给他。会发现错误也是一种能力。

师：跟他方法一样的请举手，都不一样，你们怎么解决的？

生：920×30%。

师：听出两种方法的不同了吗？

生：一个转化成分数，一个转化成百分数。

师：这个分数和这个百分数都是由谁转化来的呀？

生：折扣，三折。

师：所以其实原价乘的就是——

生：折扣。

师：原价乘折扣就等于现价。好，也就是这件衣服老师需支付276

因循结构　培育素养
——小学数学"结构化"教学的探索

元，答案都一样吗？跟着老师再往下走。

2. 节省多少钱

师：（视频演示）刚才给宝宝买了一件衣服，现在给宝宝的妈妈也买一件衣服吧。看这件不错，原价是1199元，打八折出售，老师可以节省多少钱呢？你们能解决吗？

教师请两名学生板演。

师：你们能看得懂第一位同学的列式吗？

生：1%~80%是求节省了多少，节省了原价的20%。所以要用1199×（1%~80%）。

师：这名同学说得真完整，这里的1表示什么？80%表示什么？

生：1表示原价，80%表示折扣。

师：我懂你们的意思了，80%指的就是打折后的价钱占谁的80%呢？

生：占原价的。

师：所以得到的20%指的就是谁占原价的20%？

生：节省的价钱。

师：所以这个同学的解答对了吗？看第二个同学，第一步1199×80%实际上就是谁乘谁？

生：原价乘折扣。

师：就得到——

生：现价。

师：接下来原价减去现价就是——

生：节省的价钱。

师：你们想一想，通过这次购物体验，原价、现价、节省的价钱三者之间有什么关系呢？

生：现价+节省的价钱=原价。

师：那现价就等于——

生：原价-节省的价钱。

师：买第一件衣服，我们知道"现价=原价×折扣"，买第二件衣服我们又知道了"现价=原价-节省的价钱"。回家后再思考，哪种方法在哪些情况下计算更方便呢？

师：老师不但买了衣服，还发现一些特别的东西，请看。

3. 到底打几折

师：（视频演示）老师发现了一个特殊的折扣，看，在那儿！30%off，它到底是打几折呢？你知道吗？

生：打三折。

师：（出示sale70%）打几折？

生：打七折。

师：都很统一。

师：（出示off和sale的意思）再想想。

师：第一个打几折呢？

生：有了英文解释就知道，去掉了三折，所以就是打七折。

师：通过鉴定，我们认为这两个都打七折。再看！

师：（出示9折再9折的折上折图片）折上折看得懂吗？

生：折上折就是在打折的基础上再进行打折。

师：两次打折有什么不同吗？

生：它们的单位"1"不同。

师：第一次的单位"1"是——

生：原价。

因循结构　培育素养
——小学数学"结构化"教学的探索

师：第二次的单位"1"是——

生：第一次打折后的价钱。

师：那9折再9折到底是打几折啊？

生：打八一折。

师：为什么是八一折呢？你说说。

生：就是九折基础上再九折，90%×90%。

师：怎么列式呢？谁先打九折呢？

生：原价。

教师板书：1×90%×90%=0.81=81%。

师：81%指谁占谁的81%？

生：现价占原价的81%。

师：哪个现价？

生：折上折后的现价。

[设计意图：本环节通过解决三个不同的折扣问题，让学生懂得折扣的多元表征方式，再次深化对折扣含义的理解，并把折扣的多种算法与求一个数的十分之几和百分之几的问题联系起来，为下一环节的结构化打下基础。]

（四）沟通联系，厘清"折扣"的结构

1. 回头看今天的内容

师：通过这次游学活动，我们不但解决了折扣的运用，也解决了计算问题。老师有句话，不知道你们能不能接得上。千金难买——

生：寸光阴。

师：那是寸金难买寸光阴。老师前不久听了一节课，觉得那个老师说得很有道理，千金难买回头看。回头看什么呢？先看这节课，折扣。

以前学过折扣问题吗？那怎么刚才都能计算了呢？为什么呢？

生：因为我们以前学过百分数，所以——

师：谁懂他的意思？

生：因为折扣问题类似于百分数的实际问题。

师：其实折扣问题我们都转化成了分数或者百分数问题。在解决分数问题的时候，我们解决的是一个数是另一个数的几分之几；在学习百分数的时候，我们解决的是一个数是另一个数的百分之几；今天学习折扣，我们把七折转化成$\frac{7}{10}$，把二折转化成$\frac{2}{10}$，把八五折甚至转化成了一个只能叫分数形式的$\frac{8.5}{10}$，我们在解决现价是原价的——

生：十分之几。

师：有道理吗？

生：我发现折扣转化过来都是分母是10的分数。

师：也就是几折就表示十分之几。再看，几分之几叫分数，百分之几叫百分数，那十分之几就叫——

生：十分数。

师：原来折扣的本质其实是一种十分数，十分数就是一种用10作分母的分数。

2. 回头看以前的知识

师：回头看得远一点儿，以前有没有学过什么数也能转化成分母为10的分数呢？

生：小数。

师：哪种小数？

生：一位小数。

师：那两位小数呢？

生：分母为100的分数。

师：也就是——

生：百分数。

师：三位小数呢？

生：千分数。

师：四位小数呢？

生：万分数。

……

师：这是一次有意义的回头看，我们不但把分数和百分数之间感觉缺了的十分数补上了，同时建立了一个以分数为主线的知识结构，把小数也纳进来了。数学知识就是这样的，感觉它们好像独立存在，但其实它们有千丝万缕的联系。老师再帮你们回头看得更远一些。

课件出示毫米、厘米、分米、米、千米及相邻单位之间的进率。

师：你们有什么想法吗？

生：米和千米中间还有单位吗？

师：大胆想一想。

课件出示：十米、百米。

师：它们之间的进率10×10×10，是不是刚好就是米到千米之间的1000。

3. 再次回头看这节课

师：回头再看看这节课，说说这节课你学到了什么？

生1：我们学了折扣是什么、在哪里用到。

生2：已知原价和折扣求现价。

生3：折扣后现价比原价节省多少。

师：课已经结束了，但老师还要说一句，希望大家今后都要带着这种建立联系的思维来，你们的数学之路会越走越顺。

［设计意图：本环节回头看的学习活动一是纵向沟通本节课所学知识同以前所学的分数、百分数实际问题之间的直接联系，二是横向沟通以前所学知识同本节课所学知识之间的间接联系，拓宽学生的思维，引导学生对折扣的本质进行深层次探究，促进学生自觉地进行分析、比较、归纳和概括，让学生学会用发展的眼光看数学问题，用结构化的思维思考数学问题。］

七、总评

本节课的教学凸显以下三个特点。

1. 紧扣生活，凸显联系

折扣是商品经济中经常使用的一个概念，与人们的生活联系密切。六年级的学生多数耳闻过这个名词，甚至部分学生亲身实践过（有这样的购物经历），所以课始让学生说一说生活中见过的打折现象，一下子把话题拉到了学生的生活轨迹上来，他们也在自己说"几折"和听别人说"几折"的活动中唤醒对折扣的元认知。课中借助教师在商场的购物体验视频把书上的例题融入情境教学之中，现实感、亲近感更强，通过"该付多少钱""节省多少钱""到底打几折"这三个层次把对折扣的计算和意义的理解融入真实的购物情境中，学生在计算中理解了把折扣问题转化为分数或百分数实际问题的原理。最后还结合实例让学生明白折扣的另外两种描述方式的区别与联系，即英文单词"off"和"sale"如何表示折扣的具体含义。

2. 循序渐进，凸显层次

本节课层次清晰，由浅入深，呈现"折扣"的各个子知识点，学生学得顺畅、简单、自然，体现两个方面：

（1）从一开始的说一说生活中见过的几折现象，几乎每个学生信手拈来，接着让学生在已有的"折扣"元认知的基础上自学课本内容，让学生通过数学阅读匡正原来对折扣的浅层次理解，从而站在数学的角度描述折扣的意义。通过这两个层次的学习，学生很自然地把生活知识和数学概念融合起来，从而达到了真正理解"折扣"的实际含义。

（2）学生在解决"折扣"问题时，也是通过三个递进关系的问题来逐步体现的：首先是"该付多少钱"，把折扣问题转化为最简单的求一个数的十分之几或百分之几的问题；其次是"节省多少钱"，把折扣问题转化为求比一个数多（少）十分之几或百分之几的问题；最后"到底打几折"，把折上折的问题转化为随着单位"1"的改变而改变的百分数实际问题。

3. 纵横沟通，凸显结构

本节课的最后一个"回头看"的环节让学生经历了一次自主厘清知识结构的过程。学生在观察板书、回顾本节课学习知识的过程中通过横向联系把今天新学的知识转化为以前学过的百分数问题进行解决，再通过纵向联系把折扣表示的含义融入了十分数、百分数、千分数的关系中，最后延伸沟通了数学中类似这样具有结构联系的类知识点（长度单位），让学生的学习达到了"知其然"且"知其所以然"的境界。

第三节　沟通联系　内化结构

——"三角形的认识"教学设计

一、思考和提出问题

（1）如何让学生通过找、描、画的活动理解三角形的含义，并用字母来描述三角形的各部分？

（2）如何让学生理解一个三角形可以画3条高？

（3）如何引导学生在画三角形的高的过程中理解画高的本质？

二、磨课心得

1. 分析教材结构

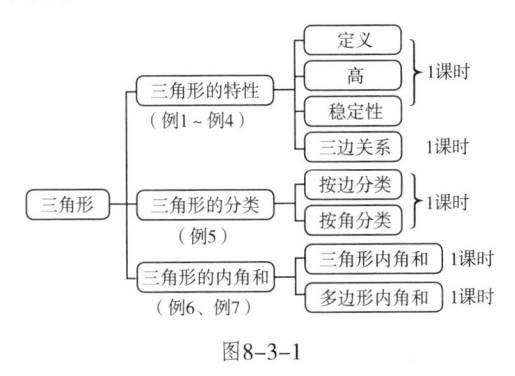

```
                        ┌─ 定义      ┐
            ┌─ 三角形的特性 ─┼─ 高       ├ 1课时
            │  (例1~例4)    ├─ 稳定性    ┘
            │               └─ 三边关系   ─ 1课时
三角形 ─────┼─ 三角形的分类 ─┬─ 按边分类  ┐
            │  (例5)        └─ 按角分类  ├ 1课时
            │                            
            └─ 三角形的内角和 ┬─ 三角形内角和 ─ 1课时
               (例6、例7)    └─ 多边形内角和 ─ 1课时
```

图 8-3-1

2. 研究知识生长点

认识三角形的知识起点：在一年级下册，学生认识了长方形、正方形、平行四边形、三角形和圆5种平面图形。在三年级进一步从边和角这两个基本要素研究长方形和正方形。本单元继续认识三角形，学生不仅要理解三角形概念的内涵，掌握三角形的特性（稳定性），还要掌握三角形的构成要素及特征，以及三角形各要素之间的关系。本节课的教学内容是认识三角形的特点及画三角形的高。三年级从边和角两个要素认识平面图形是认识三角形的特点的知识起点。四年级上册学会了过直线外一点做已知直线的垂线，会画平行四边形和梯形的高是画三角形高的知识起点。同时研究三角形的特征是研究其他多边形特征的知识生长点，理解三角形的高的本质是研究三角形面积的重要知识生长点。

三、教学内容

人教版数学四年级下册第57页。

四、教学目标

（1）通过前测了解学生的起点，让学生通过动手操作、观察、比较、自学等方法进一步认识三角形，会概括三角形的特征，了解各部分名称及含义，会用字母表示三角形。结合文字语言在操作中理解三角形高和底的关系，并会画三角形指定底边上的高。

（2）在同桌交流、小组合作学习中提高学生的观察操作能力、语言表达能力和合作交流能力，培养学生的问题意识，发展学生的抽象概括能力。

（3）在画高的过程中，培养学生严谨作图的科学精神。

五、教学重点

知道三角形各部分名称、会画三角形指定底边上的高。

六、教学难点

画三角形的高,理解三角形底和高的对应、依存关系。

七、教学准备

多媒体课件、磁铁、三角形、三角尺、学习单等。

八、教学过程

(一)在观察、操作中丰富对三角形的认识

1. 活动一:描三角形

要求:学生说一说生活中看到的三角形,并动手比画,结合语言描述三角形的样子。

师:你们见过三角形吗?在哪里见过?是什么样子的?

学生自由举例。

师:请看这两幅图,你们能找到三角形吗?请把找到的三角形描出来。

学生在书上描出三角形。

师:为什么在古代建筑和现代建筑中都用到三角形呢?

(揭示课题:三角形的认识)

2. 活动二:画三角形

要求:学生动手画一个三角形,边画边思考你是怎样画这个三角形的?

因循结构　培育素养
——小学数学"结构化"教学的探索

师：你们会画三角形吗？（指名板演）边画边说你是怎么画这个三角形的？

师：你是怎么画的？请配上解说。

当学生说到线段、边时，引导学生说到三条线段。

预设：学生常规画法就是先画一条线段再画另一条线段，最后画第三条线段；另一种画法是先点三个点，然后再连接起来。

3. 活动三：说三角形

要求：结合画三角形的过程，说一说什么样的图形是三角形。

师：你觉得画三角形最难的地方是什么？

引出端点相连与围成这两个关键词。

师：根据刚才这个同学画三角形的过程，谁来说说什么样的图形是三角形？

引出书上的概念，并让学生理解关键词。

（教师板书：线段围成）

[设计意图：让学生搜索生活中看到的三角形和从教材的主题图中找、描三角形，感知三角形与生活的联系，在画三角形的活动中让学生把抽象的几何图形直观化，让学生在说三角形的过程中尝试把自己的理解用数学的语言表达出来。]

（二）在操作、交流中完善对画高的认识

1. 活动一：试述三角形的高

要求：自学课本第60页，说一说什么是三角形的高和底？

师：谁来说一说什么是三角形的高和底？

教师适时引导学生抓住关键词，通过课件演示让学生沟通画三角形的高和以前的过直线外一点作已知直线的垂线的联系。

2. 活动二：互查三角形的高

要求：以四人小组为单位，交流、讨论课前学习单中画的三角形的高。

活动要求：

① 说一说：你是怎么画高的？

② 判一判：你们小组同学的高都画对了吗？

③ 教一教：画三角形的高时，你有什么诀窍可与同学分享的？

3. 活动三：总结提炼高的画法

要求：学生上台展示画高的过程，在师生、生生互动中把语言表达与动作相结合，明确画高的技巧及步骤。师生共同概括画高的步骤：一合、二移、三画、四标。

4. 活动四：说理活动

要求：展示核心问题，小组合作进行说理训练。

核心问题：你认为一个三角形可以画几条高？请举例说明。

[设计意图：因为高的定义也是发生式的，所以通过学生自学先对三角形的高和底有一个初步的印象，然后再通过画高、查高这一主要环节去感受高的形成过程，为总结提炼高的画法做好操作层面的知识铺垫。通过展示问题、开展说理的方式让学生沟通前面学习的"过直线外一点作这条直线的垂线"的知识，凸显画高的本质，使学生进一步体会三条高的产生。]

（三）在练习中加深对底和高相对应关系的理解

画一画：P60做一做。

找一找：找出相应底边上的高。

[设计意图：通过基础题和变式题让不同层次的学生都能在原来的基础上得到发展。]

（四）在回顾、整理中提升对学习过程的认识

师：说说这节课学习了什么，有什么收获？你们是怎么学会的？

[设计意图：通过小结，回顾学生对本课知识点的学习过程，让学生明白独立学习和合作交流的重要性。]

（五）课后作业

（1）说理作业：为什么直角三角形有两条高和直角边重合？

（2）阅读绘本：《奇妙的三角形》。

（六）板书设计

认识三角形

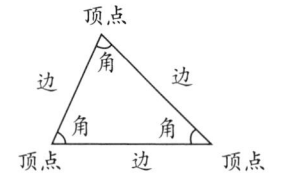

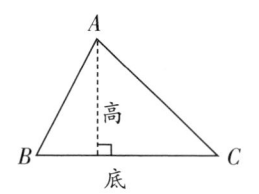

附："三角形的认识"自主学习单

班级：　　　　　　姓名：

认真阅读数学书第60页思考以下两个问题。

（1）什么是三角形？

（2）怎么画三角形的高？

画一画：在下面画一个三角形。说一说三角形有几条边、几个角、几个顶点。

2. 试一试：试着画出下面这3个三角形指定底边上的高。（图8-3-2）

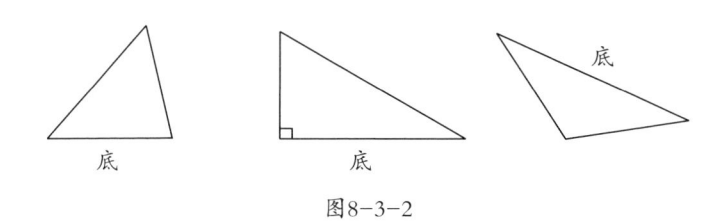

图8-3-2

3. 问一问：关于画三角形的高你有什么疑问或要提醒同学注意的？

我的疑问：_____

_____

我的提醒：_____

_____

4. 评一评：课堂评价。（在表8-3-1中给自己的表现评星）。

表8-3-1

学习表现	★★★	★★	★
认真倾听			
积极思考			
勇于表达			
大胆提问			
学会合作			
乐于交流			

第四节　多向联系　深化结构

——"四边形的内角和"教学设计

一、思考和提出的问题

（1）如何让学生经历从特殊到一般的验证过程归纳出"所有的四边形的内角和都是360°"？

（2）如何让学生体验解决问题的"三个步骤"？

（3）如何让学生在探究"四边形内角和"的过程中渗透分类验证的方法和体验探究方法的结构化？

二、磨课要点

1. 起点

知识起点：本课内容是第五单元《三角形》的最后一课时，是在学生认识了三角形内角和基础之上进行学习的，学生积累了"测量法""剪拼法"等探究三角形内角和的经验。

已有经验：四年级的学生已经具备了研究本节课知识的基础知识，如角、内角、三角形、四边形的特征等，掌握了测量角的度数、画简单的图形，折、剪纸，做整数的加减法计算等基本技能。

思维特点：四年级学生已经积累了一些有关"图形与几何"的知识和经验，具备了一定的抽象思维能力，可以在比较抽象的水平上认识图形，进行探索，因此要积极引导学生对活动过程和结果进行判断、分析、推理思考和抽象概括，让学生在学习知识的过程中促进"思维生长"。

2. 终点

经历从特殊到一般的推理过程和多种验证方法的辨析过程，了解四边形的内角和是360°的分类验证过程；运用转化思想，将新知转化成旧知，并尝试用转化的方法求出多边形内角和的度数。

3. 过程与方法

以解决问题的思路呈现三个步骤。在阅读与理解中，引导学生对所学的四边形进行分类研究，渗透分类验证的思考方法。在分析与操作中，经历从特殊到一般的过程，通过实验得出四边形的内角和是360°。在回顾反思中进一步感受这一结论的合理性，体会转化的数学思想，逐步形成解决问题的方法。在教学中关注学生"四能"的培养。

三、教学内容

人教版数学四年级下册第68页例7、做一做。

四、教学目标

（1）在"阅读与理解"知道四边形的种类，知道四边形的内角和是指什么，知道要解决的问题。

（2）在探究四边形内角和的过程中，让学生经历观察、思考、推理、归纳的过程感受分类验证的方法，培养学生探究、推理、归纳等能力；在探究多边形内角和的过程中经历操作、讨论、交流、质疑的学习过程，提高学生的学习力。

（3）体验数学探究活动的乐趣，渗透转化的思想，让学生感悟合作交流的必要性，在交流讨论中提高学生的表达能力，增强学好数学的信心。

五、教学重点

分类验证四边形内角和是360°。

六、教学难点

多种验证方法的关联，转化思想的迁移应用。

七、教学准备

教具：自制PPT课件、磁性黑板贴、各类四边形若干个。
学具：直尺、量角器、剪刀、记号笔，每种四边形各2个。

八、教学过程

（一）游戏引入，感知特征

（1）想象：三角形剪掉一个角还剩几个角？有几种剪法？分别剪成什么图形？

（2）回忆：三角形的内角和是几度？

（3）揭题：四边形内角和多少度？

[设计意图：通过创设"我说你想"的小游戏，激发学生探究的欲望，发展学生的空间想象能力，唤醒学生已有的知识经验，为研究本节课的内容提供知识和方法的"生长点"。]

（二）动手操作，多元验证

1. 阅读与理解

（1）从特殊到一般。

① 阅读引导：读完这句话，你能试着说一说已知条件和问题是什么吗？（同桌交流）

② 已知条件：四边形、内角。问题：内角和为几度。（如何表征这些信息和问题）

师：看到四边形你想到了哪些图形？

（2）质疑。

是不是所有的四边形的内角和都是360°？

2. 分析与操作

（1）独立探究。

① 独立思考：在学习单上把你的探究过程表示出来。

② 动手操作：教师巡视指导。

（2）组内交流。

① 四人小组交流自己的图形和验证的方法。

② 组内提出自己在验证过程中遇到的问题或困惑。

（3）全班汇报。

学生验证结果。

①量角求和法；②剪拼求和法；③转化求和法。

（4）归纳总结。

教师引导学生对验证的四边形进行归类，进行讨论，最后归纳出所有的四边形包括哪些图形。

（三）回顾与反思

回顾探究过程，指导看书。

（1）我们是怎么证明所有四边形的内角和是360°的？

（2）证明了哪些图形？

（3）用了哪些方法证明？

［设计意图：由特殊四边形引发猜想，再由一般四边形进行验证，学生再次经历"猜想—验证—推理—得出结论"这一探究过程。把课堂还给学生，给学生充分的时间和空间进行独立思考、小组交流、全班展示，让学生在多元交流中感悟到分类验证的必要性和多种验证方法的适切性。］

（四）学以致用，促进生长

尝试练习：你能想办法求出这个多边形的内角和吗？（图8-4-1）

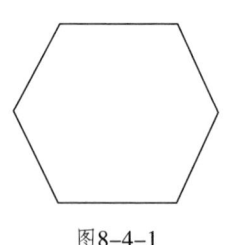

图8-4-1

［设计意图：学以致用，巩固提升。用熟悉的三角形内角和的知识和新探究四边形内角和的经验来解决多边形内角和这个陌生的知识，发展学生的推理能力，感受知识、方法的"生长"。］

（五）归纳总结，分享收获

通过这节课的学习，你有什么收获？还有什么疑惑？

［**设计意图**：引导学生学会回顾与反思整个学习过程，总结收获，提出新的问题。关注"四能"的培养。］

（六）课后作业

（1）探究作业：练习十六第4题。

（2）选做题：练习十六第7题。

［**设计意图**：基于"双减"布置探究性作业和弹性作业，让学生有自主选择权。］

（七）板书设计

四边形的内角和

四边形的内角和是360°

四边形的种类 ——————— 结论 ———————→ 验证的方法

长方形、正方形　　　　　　　　　　测量法

平行四边形　　　　　　　　　　　　剪拼法

梯形　　　　　　　　　　　　　　　分割法

一般四边形

附录：名师工作室里的春天

听！花在盛放

——一道成长之路的故事

📖 **名人名言**

人人都说小孩小，小孩人小心不小。

你若以为小孩小，你比小孩还要小。

——陶行知

感悟：教育需要看见，需要懂得，需要倾听，需要用一颗心感受另一颗心。

一、谋篇求索篇

1. 人物速递

余顺花：女，特级教师，高级教师，现任漳州市实验小学教研室副主任,福建省第四届小学数学学科教学带头人培养对象,第二届小学十佳优秀青年教师,福建省王珍名师工作室成员,陈瑞林名师工作室成员。2005年获全国"新世纪小学数学课程实验总结优秀教师"称号,2008年被评为第二届漳州市"十佳"优秀青年教师,2019年获"市优秀教师"称号。2012年5月执教的"平行四边形的认识"获省级"问题解决"公开课比赛一等奖,指导多名教师参加省、市级公开课比赛均获一等奖,多次参与省、市级"送培送教"开展讲座活动。参与多个课题研究,其中"问题解决"和"指导——自主学习"课题研究均已结题。撰写20多篇论文发表在CN类刊物上。

2. 路漫漫其修远——求索之路

(1)机遇——机会总是留给有准备的人。

"你们这几个小姑娘实在是太幸运了,竟然直接留在了我们漳州市实验小学,这可是十几年一遇的好机会……"1994年8月,当我们几个来自长泰、南靖、龙海不同地区的山村小姑娘从福建省龙溪师范学校毕业直接到漳州市实验小学报到时,身边的几个老教师对我们竖起大拇指夸道:"厉害、幸运"。因为九十年代的中师生几乎是从哪里来直接分配到哪里去,而我们这几个从农村来的小姑娘从师范学校毕业直接分配在留在漳州市实验小学,确实是个改写命运的契机。可是我们知道这幸运的背后蕴藏着多少辛勤的汗水,我们可是过五关斩六将才抓住这个机会的(当时恰逢市值两所小学缺少教师,于是两所学校直接聘请了我们这一届的前十几名的优秀毕业生)。于是我们就按毕业的成绩+面试试教的成绩留了下来。话说当时我每学期可都是奖学金的获得者,在当时也算是学霸了,所以我才有机会留在漳州市实验小学,这在当时可是轰动了整个朋友圈。这是我人生中第一次感受到了

"读书能改变命运"。

（2）练手——初生牛犊不怕虎。

于是，18岁的我们就在这所市值名校扎根发芽了，我们学校有个传统，就是刚入校的年轻教师都会配备一个优秀的指导教师，我当时的指导老师就是曾经参加省级公开课获奖的周少伟老师。参加省级公开课比赛获奖者，这对于刚毕业的我们简直就是遥不可及。可是幸运之神再次降到我的身上，1996年（也就是我毕业的第二年）漳州市刚好要举行一次数学公开课比赛，因为学校的数学教师大部分年纪都比较大了，所以就从我们这几个刚毕业的教师中选一个参加，而我居然被选上了，用现在的话说可能是我的课感比较好吧！于是我有了第一次的"磨课"经历。我已经忘记了当时的教案有多少是我自己的设计成分，或许应该说是指导老师设计的教案，我例行把它演绎完整吧！当时，记得比赛现场我竟然忘记拿数学课本，但我把教案背得滚瓜烂熟了，于是就轻车熟路地上起课来，吓得我的指导教师直冒汗，后来在我巡视学生的空档他悄悄把书递给了我。虽然后来我得了全市第一名的成绩，但是我忘记拿书上课是当时的第一"囧"，因为是全市第一名，所以理所当然地要参加省里的比赛。

接下来的磨课经历更让我难熬了，因为年轻没有一定教学经验的积累，用现在的话说是不懂分析学情、课堂预设与生成的关系处理不当，每次试教都会有让我措手不及的情况发生，为此我不知道在明处、暗处掉了多少次"委屈"的眼泪。从市赛到省赛我试教了N次，可以用"麻木"来形容当时上课的感觉。到福州比赛的那一天早上吃早餐时，看着满桌的早点，我却没有胃口，我们的副校长陈明星老师轻声地对我说："怎么不吃了，不用紧张，多吃点儿"。我却说：

"不会啊！我不紧张。"后来我才知道那种吃不下东西的感觉就是紧张，年少的我竟然连紧张都不知道，怪不得有"初生牛犊不怕虎"的说法。于是我"从容"地去上课了，可惜这次幸运之神没有再次降临到我的头上，相反它跟我开了个大大的玩笑——正当我娴熟地演绎课堂时，突然断电了，于是我的课堂也中断了，我也跟着蒙了大约两分钟，我一句话也没说，学生就安安静静地看着我，到现在想起来我都觉得尴尬。

人算不如天算，当时我们预设了课堂上的种种意外和生成，可万万没有预设到突然断电啊（此处可以加上好几个抓狂的表情）！省级公开课碰到突然断电，致使课堂中断是当时的第二"囧"。最后我与一等奖擦肩而过，只得了二等奖，评委老师们都说我太"嫩"了。这个断电导致我"断片"的事件给我刻下了深深的烙印，我终于明白"经验"是别人给不了你的，你必须自己慢慢积累。

二、布局问道篇（泉涓涓而始流——问道之行）

1. 停滞——温水煮青蛙

"出名要趁早呀！来得太晚的话，快乐也不那么痛快。"张爱玲的这句话就是我当时的写照，可惜我的快乐来得太痛快了。刚毕业第二年就获得全市数学公开课比赛第一名（虽然我知道那都是学校集体智慧的结晶），又代表漳州参加福建省的比赛（虽然只获得了二等奖），但是全市有那么多的数学教师又有几个人有机会能参加省赛呢！我还年轻啊！我不怕。这次的比赛让我在漳州的小数届赚足了风头，于是我开始有了轻飘飘的感觉，因为接下来参加市级的观摩课或者其他比赛对我来说就是"小菜一碟"。我以为凭我在师范学校学的知识和这几年积累的

因循结构　培育素养
——小学数学"结构化"教学的探索

教学经验足以驾驭我接下来的小学教学生涯了。一直到2004年我几乎都"故步自封",虽然也参加各种各样的论文、教学设计,课件制作比赛,但是好像都是为比赛而比赛,没有突破自己。俗话说,一个人精通一项技能大约只需要七年,如果活到88岁,那么有11个成为"大师"的机会。可惜这8年时间我却过着"波澜不惊"的生活,抱着"当一天和尚撞一天钟"的念头,没有好好练就一项特殊的技能。韶华易逝,现在想起来真的特别后悔没有把握好那个"少年时代",让自己成为"大师"。

2. 突破——是金子总会发光的

我以为我就这样自我满足地继续当一个平庸的教师了,2006年漳州市教育局举行"小学优秀青年教师评选活动",学校领导推荐我参加。这次比赛重燃我的职业激情,又一次把我推到逼自己再次成长的轨道上。于是我重操旧业——开始练习师范学校学习的基本功(当时特别流行的"三笔两画"毛笔字、钢笔字、粉笔字、普通话、简笔画),这次评比又加上了参加工作以来的3项基本功(论文撰写、多媒体制作、课堂教学观摩),由于有以前的功底再加上我的勤奋练习,在这些综合项目的评比中我的得分遥遥领先,挤进前十名,被评为"漳州市小学十佳优秀青年教师"。这一次的磨炼可以说是我职业生涯的第二次跨越,她让我从一个默默无闻的"教书匠"变成了懂得把自己的经验总结发光放大从而辐射到更多更广的地方的人。为此,漳州电视广播报及教育局网站特别刊登了我的"成名篇"。

以下是报道的篇幅:

附：滴滴甘露　融融春风

——记漳州市第二届"十佳"优秀青年教师余顺花

（一）爱心——燃烧希望

余老师曾在素质教育案例《一张白纸和一黑点的启示》中写道："如果你的学生是一张白纸，当这张白纸上有黑点时，请不要随便否定或丢弃它。请你还是首先把它看成一张白纸，然后用你的爱心和智慧，在这张白纸上构思，让'黑点'变成'闪光点'，从而创作出一幅精品。"让每一个学生在爱中健康成长是余老师多年教学生涯的追求。

走进余老师的课堂，你会发现她是一位和蔼可亲的教师，她的教学语言是那么自然亲切，她的手势传递着对学生的关心，她的眼神与学生进行着心灵的交流。走进余老师的课堂，你会发现她是一位春风满面的教师，学生犯错误时，她不会大声地斥责，而是温柔地提醒，想方设法地帮助学生改正错误。

计算教学是数学教学比较枯燥、无味的部分。余老师深知这一点，为了让学生感兴趣，她把口算复习课设计成"口算聚会"。余老师从低年级儿童喜欢新鲜事物的心理特点出发，把一节普通的复习课分层设计了五大块内容，设计了用福娃作为小主人的形式出场，充分调动了学生学习的热情；采用了"口算魔术卡""和得数交朋友""悄悄说"等不同的游戏形式，让学生学得开心、愉快。在游戏中，学生不知不觉地巩固了本单元所学的口算知识。

（二）童心——愉悦灵魂

在余老师的教学随笔中，有这样一段话："让我们走近儿童，聆听来自他们的声音，感受来自他们的呼吸，了解来自他们的过去，满足来

因循结构　培育素养
—— 小学数学"结构化"教学的探索

自他们的欲望……教师要用自己的童心去体察学生的心情，想学生之所想，疑学生之所疑，急学生之所急。"

为了让自己与学生"相似"，余老师经常在下课时间和学生交流、谈心，让自己沉入学生的认知世界，以学生的眼光来看待知识的难易，找准学生认识的起点，为他们搭建必要的"支架"。

上课之前，她总要从学生的角度来思考这节课学生已经知道了什么知识，他们最感兴趣的是什么知识，用什么样的教学方式才能吸引他们的注意力……课后，她也会"拉住"几名学生，问他们这节课最感兴趣的是哪个环节，最没意思的是哪个部分，还有哪些知识点没弄清楚……余老师在学生已有认知的基础上，构建着他们的新知。

一次，她上"7的乘法口诀"这堂课，设计了这样一个教学环节———老师与学生玩"对口令"。正常情况下都是"老师考学生"，可是她却让"学生考老师"。当学生提问"六七得几"时，余老师假装回答不出，学生都哈哈大笑。于是，她求救于学生："谁来帮帮我呀，有什么办法可以让我想起六七等于多少呢？"一听说要帮助老师，学生们个个都把手举得高高的，各种记忆"六七四十二"的好方法也在"学生考老师"的过程中产生了。

（三）耐心——润物无声

教育学生不是一朝一夕的事，是一项长期的工作。这需要足够的耐心。耐心能和谐师生关系，能增进师生情感。

余老师说："教书和育人相比，育人更重要。培养学生良好的学习习惯、文明的行为习惯和健康向上的人格，更为重要。"因此，她很注重教育细节。

在她的课堂上，你会看到她去扶正学生的背，提醒学生正确的坐姿；你会看到她用一个善意的眼神，提醒学生要认真听讲；你会听到她有心地提示"你的字，老师看了真舒服"，提醒学生书写要工整。当学生回答问题，出现卡壳现象时，她会说："没关系，老师和同学们都在认真听着呢，你接着说，慢慢说。""你还没说完吧，那就想好再说。"

也许你会问余老师：小学教育这么苦、这么累，为什么在你身上却看不到"苦"和"累"的影子？她会毫不犹豫地回答："因为我爱这群孩子！"是的，因为这种爱，她视职业为事业；因为这种爱，她视艰辛为乐趣；因为这种爱，她视学习为责任；也是因为这种爱，她能在漫漫人生旅途中奋斗、探索、奋进。

三、爱洒桃李篇（扬长——一直走在"爱"的道上）

"因为爱，所以爱"记得这是谢霆锋唱的一首歌，在我的职业生涯中，我也强烈地感受到了这一点——我因为爱学生，所以我爱学习；因为爱学习，所以爱我的职业；因为爱我的职业，所以我乐意分享。在此我特摘录学生、家长及教师留言与大家共享。

学生代表：余老师，您是我们小学阶段的第一位老师，您对我们像对自己的孩子一样疼爱有加。上您的数学课就像在品一杯浓茶一样，它是那么香。虽然您现在已经不再给我们上数学课了，但是我们好想再让您给我们上一节愉快的数学课。

学生家长代表：余老师讲课深入浅出，形象生动，富有感染力和吸引力，同时对待孩子和蔼可亲，细致有爱心。孩子不仅喜欢听她的课，而且听得进、记得牢、消化得了，因此所学的每一单元的知识都掌握得十分扎实，为今后高年级的学习打下了良好的基础。

教师代表：余老师有着非常丰富的教育教学经验。在教学中，她注

因循结构　培育素养
——小学数学"结构化"教学的探索

重创设一个宽松有爱的学习氛围，让学生亲历知识的形成过程。听她的课，您就会发现就是这样一节节实实在在的课，体现了她对学生真真切切的爱。她是我校一位非常优秀的教师，能得到她的指导是我们的荣幸。

心中有爱，人生何处不花开？职业何处不春天？在指导学校青年教师参加省市级的比赛，参加"一帮一结对子"、送培送教活动，及时撰写经验总结形成论文的过程中，我终于感悟到了过程比结果更重要。所以2010年市级选拔"福建省学科教学带头人培养对象"时，我幸运地成为"福建省第四届学科教学人培养对象"。也许是机缘巧合吧！在培训时我竟然安排到了余文森教授的班级，研修培训我也觉得特别有亲切感。回顾培训过程我不禁百感交集，犹有"破茧成蝶"之感。

这两年的研修与培训，每一次的培训像一架云梯，让我不断地向上攀登，然后满载而归。先说第一次到武夷山的研修吧！那激动的场面至今还历历在目，让我身心得到了一场洗礼。第一次聆听鼎鼎大名的余文森教授的两个讲座"有效教学的理论与实践""先学后教与有效教学"，成尚荣督学的"教师的追求与名师成长""教学的根本性变革"，特级教师王永老师及李玲玲老师结合教学案例具体介绍先学后教在课堂教学中的运用。导师的讲学、专家的介绍，让我知道了有效教学的内涵和要义，懂得如何把理论运用于课堂实践中以及如何通过自己的努力学习使自己快速成长起来。第二次到武夷山再次聆听了余教授的讲座"有效教学的要义"、王敏勤教授的讲座"提高课堂教学效率的五大方略"使我加深了对有效教学的理解，懂得了如何构建和谐有效的课堂。刘加霞教授的讲座"把握数学本质是一切教学法的根"使我深深认识到作为一名小学数学教师必须具备深厚的数学素养，才能上出扎实、灵动、高效的课堂。第三次再聚武夷山我已不是第一次那个懵懂的学员了，郭元祥、张华、许卫兵等名师的现身说法让我明白了，如何做一个智慧型的教师以及名师专业成长路上的困惑与超越，给了我动力和勇气，让我明白了如何发展自己的专业素养，使自己成为一名有鲜明教学风格的学科教学带头人。

"学然后知不足"，培训促我深知自己的不足，我终于明白了"名师是在阅读中成长起来的，是书垫了你的高度"，我急需加强专业素养来提高自己，因此我如饥似渴地研读培训材料，认真分析讲座课件，及时到网上"夫子学院"进行自主学习，多次研读培训材料和网络学习使我践行"有效教学"的课堂少走了许多弯路。除此之外，我还利用业余时间研读了余教授的三本有效教学著作分别为《有效教学十讲》《有效备·上课·听课·评课》《课堂有效教学的理论与实践》，以及研修班推荐的《数学教育再探——在中国的讲学》《做一个优秀的小学数学教师》《给数学教师的101条建议》等多本教育专著。读书、阅读、思考就是一股股正能量，使我更加热爱教育事业，进一步，增强我教书育人的责任感，使我获取更宽广的学科专业知识，教育教学理论水平进一步提高。

每次省学科培训就像一阵阵春风唤醒了我的热情，教授们的讲座犹如一场场春雨滋润了我这棵"蠢蠢欲动"的初苗。"因为爱，所以爱"我庆幸我一直走在通往"名师"的道上。

四、进取开拓篇（舟遥遥以轻飏——开拓前行）

1. 有一种遇见，叫命中注定

张爱玲说：于千万人之中遇见你所要遇见的人，于千万年之中，时间的无涯的荒野里，没有早一步，也没有晚一步，刚巧赶上了，没有别的话可说，唯有轻轻地问一声："噢，你也在这里？"

我相信世间所有的相遇，都是命中注定。参加省学科培训我认识了我的导师余文森教授，他让我明白了如何发展自己的专业素养，使自己成为一名有鲜明教学风格的智慧型的教师。因为在这个培训班有我的一个同学——罗鸣亮老师，他让我接触了"明师之道"，他让我明白了要想成为名副其实的"名师"得先从当好"明师"起步，因为有了省学科培训，我幸运地成了"福建省王珍名师工作室成员"，她让我明白"简约智慧教学""结构化教学"的内涵，"山外青山楼外楼"，教海无涯勤作舟。

2. 有一种感恩，叫努力学习

著名哲学家尼采说："每一个不曾起舞的日子，都是对生命的辜负！"

2017年我有幸成为"福建省王珍名师工作室"的核心成员，这次的幸运源于省学科班结业时余文森教授的一句话"你要一直努力下去，一直做到省名师"，更源于王珍老师的鼓励"要对自己有信心"。工作室里集结了全省一批优秀的奋进的数学教师，形成了一个团结向上的集体，几次研修培训活动下来，我见识了工作室里藏龙卧虎、人才辈出。特别是领衔人王珍老师，虽然她已经是正高级教师、特级教师了，可以说教师行业该有的荣誉她都有了，但是她每次活动都亲力亲为，从大局入手，小处着眼，让我们的学习充满温馨又幸福。还有工作室的其他核心成员研究认真执着的态度让我汗颜。这世界最可怕的不是有人比你优秀，而是比你优秀的人还比你努力。所以我也不知不觉地努力起来，努力看书，努力研究学生，努力开设讲座，努力撰写论文。于是我连续在《福建教育》发表了多篇论文，这可比我以往撰写论文的速度快了好几倍。在这个团队里让深深感受到了——研的力量，爱的传递，学的延续！

3. 有一种学习，叫不忘初心

全面贯彻党的教育方针，遵循教育教学规律，落实立德树人根本任务，发展素质教育。聚焦中国学生发展核心素养，培养学生适应未来发展的正确价值观、必备品格和关键能力，引导学生明确人生发展方向，成长为德智体美劳全面发展的社会主义建设者和接班人。党的十九大报告中提出了开展"不忘初心，牢记使命"主题教育。其中，初心就是出发时的目标、誓言或承诺。

我想我的初心可以用一个字"爱"来形容，因为教育是爱的艺术。有人说，学生是花木，教师是园丁，园丁细心照料着花木，但需要尊重它们的自然生长。在学生跌跌撞撞的成长过程中，作为教师的我们，要用智慧付出发自内心的爱。虽然我到达名师的彼岸还很远，但是只要我不忘初心，砥砺前行，只要"爱"还在，我的学习动力将一直持续。成尚荣老师说："教育是迷恋儿童成长的事业，教育是关乎人类未来的事业。"所以在以后的教学生涯中，我将继续保持"怦然心动，豁然开朗"的新鲜感，"一辈子当老师，一辈子学着当老师"。因为学生是一本书，时时新，日日新，读时要用智慧，不仅要有耐心，还要用心，这样才会有"读你千遍也不厌倦"之感，时刻保持"读你的感觉像春天！""吾生也有涯，而知也无涯"。我将积极响应习近平总书记的号召，不忘初心，砥砺前行，努力成为"四有"好老师。

参考文献

［1］魏耀发，唐军.学情分析的概念、内容及其实施策略［J］.现代教学，2020（Z1）：10-12.

［2］陈隆升.学情分析论［M］.上海：上海交通大学出版社，2019.

［3］郑毓信."数学深度教学"的理论与实践［J］.数学教育学报，2019，28（5）：24-32.

［4］唐兴学.基于学情分析的小学数学课堂教学策略［J］.甘肃教育，2022（23）：74-76.

［5］俞宏毓.近十多年来我国学情分析研究的发展与反思［J］.上海教育科研，2019（3）：60-64.

［6］曹才翰，章建跃.数学教育心理学［M］.北京：北京师范大学出版社，1999.

［7］金倩.浅谈小学数学学习中阅读能力的培养［J］.数学学习与研究，2019（7）：110.

［8］胡志敏.《用字母表示数》的教学设计［J］.考试周刊，2017，（A2）：8.

［9］牛献礼.无用方为大用——我的"数学阅读课"之思与行［J］.小学教学研究，2015（34）：35-36.

[10] 贝尔.中学数学的教与学[M].许振声,管承仲,译.北京:教育科学出版社,1990.

[11] 谭小元.合理运用素材 有效引领发展——关于《用字母表示数》的片段思考[J].小学教学研究,2012(28):54-55.

[12] 孙雅琴.在阅读数学课本中发展学生的思维[J].数学大世界(中旬),2018(8):79-80.

[13] 章勤琼.我们需要怎样的结构化教学——谈小学数学学与教的结构化[J].江苏教育,2023(27):20-23.

[14] 史宁中.《义务教育数学课程标准(2022年版)》的修订与核心素养[J].教师教育学报,2022,9(3):92-96.

[15] 王珍.结构化再出发:理性审视和价值辨析的定位——《义务教育数学课程标准(2022年版)》学习心得[J].福建教育,2022(31):42-44.

[16] 冯玉新,余顺花,林辉.立足"三学",以"学"促"思"——以《公顷的认识》为例[J].福建教育,2018(32):45-48.

[17] 黄乐,余顺花."折扣"教学实录与评析[J].小学数学教育,2019(19):68-71.

后　记

完成书稿后我头脑中清醒地闪现三个关键词：感谢，问题，发展。

首先是感谢。我有勇气能把自己的研究整理成专著，首先要感谢引领我不断前行的专家及老师们，还有很多公众号，让我"研有生长"，工作室的团队及专家名师的引领，让我"研有力量"；其次是我带领的年轻教师们，让我"研有素材"；最后特别要感谢几位专家，比如史宁中、马云鹏、崔允漷、余文森、章勤琼等，他们在《数学课标（2022年版）》颁布前后都对核心素养、结构化教学等进行了深入浅出的分析与解读，为我在教学实践中提供理论指导与实践引领，让我在研究结构化教学时"研有导向"。

其次是问题。在整理书稿的过程中，我向自己提出了三个问题，一是小数数学教学中如何让核心素养落实到课堂主阵地，把隐性的"素养"转化成显性的"能力"？二是在小学数学以40分钟为课时单位的课堂教学中如何践行结构化教学？三是结构化教学和核心素养的培养如何融合发展，相得益彰？这三个问题是我完成本书思考的问题，也是作为一个坚持在一线从事数学教学工作者在"核心素养"和"结构化"成为热点话题的时候思考的问题。

最后是发展。在完成书稿后，恰巧又读到了田薇臻、崔允漷教授写的文章（单元设计的三大模式：从学科到超学科），文中提道：单元设计是指向核心素养培育的重要路径。课程变革由偏重内容变革走向关注学习方式变革，强调基于育人立场进行学生学习经验的结构化组织，以培养学生解决真实问题的能力。核心素养导向的单元教学超越了教材单元和活动单元，走向了有组织的学习单元。由此可见，我所研究的结构化教学和单元设计中的第一种模式有相通之处。因此，我希望在后续的研究能够循求与"大观念""大单元"共通的单元教学设计，力争把课时的教学设计放在单元结构中进行备课，把课时的教学变得更有力量，从而把结构化教学践行更加趋向完善。

学海无涯，研无止境，我将不忘初心，努力前行，期待在更多顶层设计的引领下，我的研究能够更接地气，更有普适性。

最后，还要再次感谢所有在这部专著的编写过程中给予我帮助和支持的人。希望这部专著能给读者带来一些启示和收获，如有不足之处，恳请大家批评指正。